Verlag an der Ruhr

Impressum

Titel: Text- und Geschichtenwerkstatt
Autor: Beat Rusterholz
Redaktion: Peter Südhoff
Titelbild: Monika Helwig
Satz und Layout: Monika Helwig
Druck: Druckerei Uwe Nolte, Iserlohn
Verlag: Verlag an der Ruhr
Postfach 102251, 45422 Mülheim an der Ruhr
Alexanderstraße 54, 45472 Mülheim an der Ruhr
Tel: 0208 - 49 50 40, Fax: 0208 - 495 0 495

ISBN 3-86072-146-1

Ein weiterer Beitrag zum Umweltschutz:

Das Papier, auf dem dieser Titel gedruckt ist, hat ca. ***50% Altpapieranteil****, der Rest sind* ***chlorfrei*** *gebleichte Primärfasern.*

Wegweiser durch den Inhalt der Werkstatt

Zur Werkstatt

Die Werkstattbereiche

Zusatzmaterial

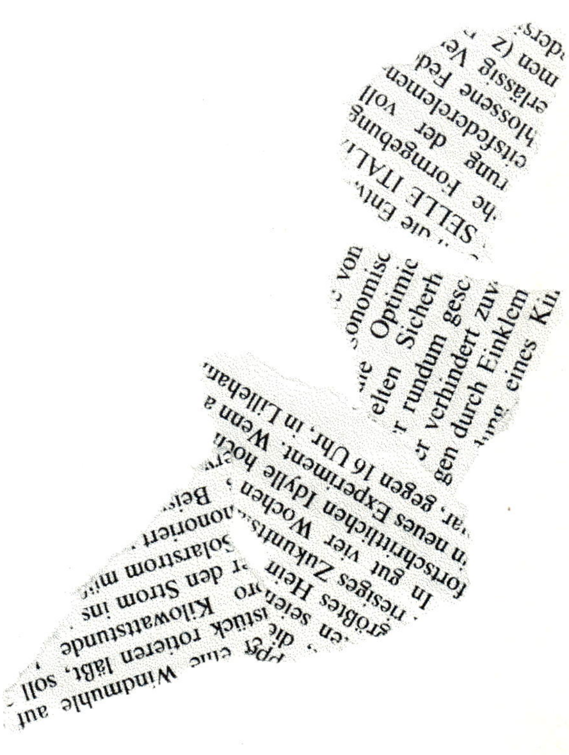

Zur Werkstatt

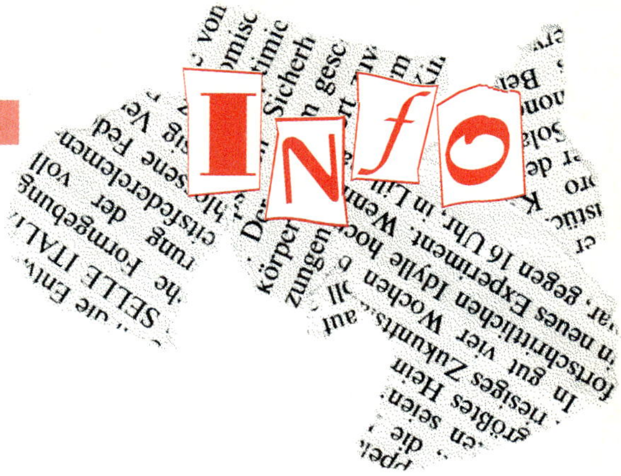

Der Inhalt

Die Text- und Geschichtenwerkstatt bietet etwa 90 Aufträge und Ideen rund um das Freie Schreiben, die einen spielerischen Umgang mit der Sprache fördern und die Ausdrucksfähigkeit und Kreativität wecken.
Das Niveau der Aufträge reicht von einfachen Übungen bis zum anspruchsvollen Text und erlaubt die Individualisierung im Unterricht.

Die Einsatzmöglichkeiten

Ich setzte die Werkstatt in meiner Geschichtenstunde ein, die pro Woche einmal stattfindet. Die Schülerinnen und Schüler arbeiten selbständig. Ich stehe ihnen als Berater zur Verfügung.

Bei zahlreichen Aufträgen ist die Möglichkeit offen, die Aufgaben alleine oder in Partnerarbeit zu lösen. Die Partnerarbeit hat den großen Vorteil, daß sich die Schüler während des Arbeitsprozesses Rückmeldungen über Rechtschreibung, Formulierungen, Wortwahl usw. geben können.

Wenn nicht die ganze Werkstatt eingesetzt werden soll, läßt sich auch aus den einzelnen Bereichen ein individuelles, der Klasse angepaßtes Programm zusammenstellen.

Zur Werkstatt

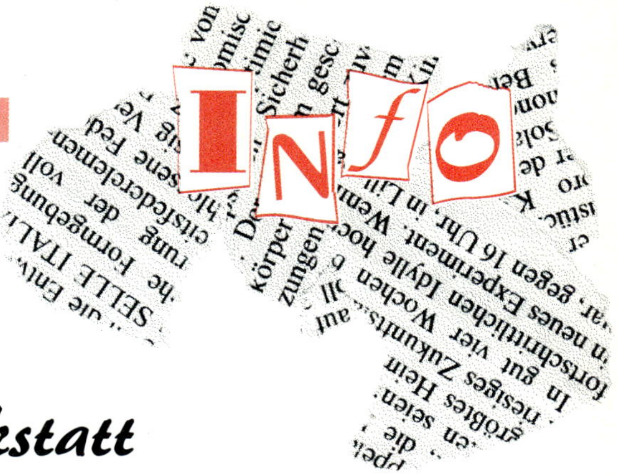

Aufbau der Werkstatt

Die Werkstatt ist aufgeteilt in 10 Bereiche. Jeder Bereich deckt einen bestimmten Aspekt des Schreibens ab und sollte in einem Ordner oder Karteikasten eingeordnet werden.

Am Ende jedes einzelnen Werkstattbereichs stehen Blanko-Karteikarten als Kopiervorlagen zur Verfügung.

A Satzgeschichten

Die Satzgeschichten bilden den ersten Bereich. Zu finden sind darin 12 Schreibanlässe rund um den einzelnen Satz. Sätze werden erfunden, geklebt, gezeichnet oder aufgebaut als Treppen.

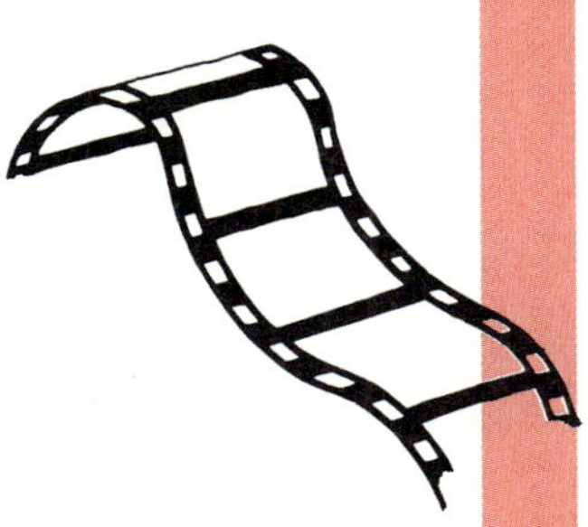

B Bildergeschichten

Zu gesammelten Fotos, Postkarten und Werbebildern werden Geschichten verfaßt. Es entstehen Collage-Geschichten aus Werbebildern, Mini-Comics oder Zufallsbildergeschichten.

C Wörtergeschichten

Hier ist Kreativität im Umgang mit Wörtern gefragt. Wörter werden gesammelt und in Ein-Satz-Geschichten oder kleinere zusammenhängende Erzählungen verpackt. Bei der Wörtersuche helfen der Duden oder Zeitungen. Insgesamt umfaßt dieser Bereich 6 Aufträge.

Zur Werkstatt

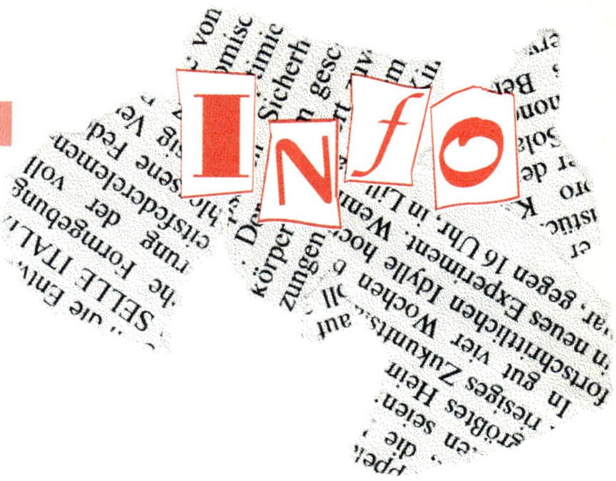

D Beschreiben

Ideen zum Be-Schreiben: Eine Anleitung für eine Bastelarbeit entwerfen, eigene freudige, traurige, unheimliche Erlebnisse in Worte fassen, den Schulweg beschreiben oder eine kleine Schwindelgeschichte über sich selbst erfinden.

E Scherbengeschichten

Geschichtenscherben sind die Grundlage für 5 Schreibanlässe. Aufgabe ist es, kleine Satzfolgen und Überbleibsel aus Geschichten in neue, eigene Erzählungen einzubauen.

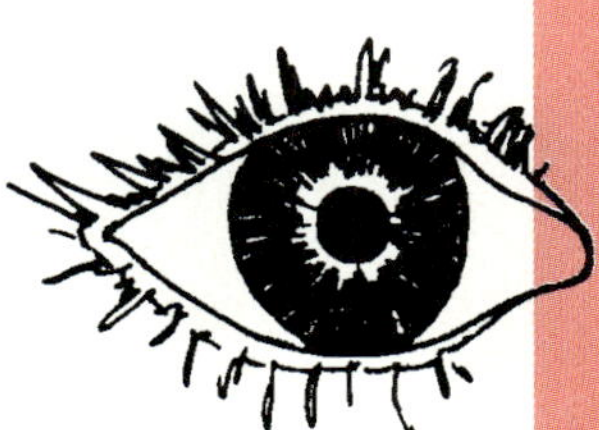

F Schau-genau-Geschichten

Ob beim Detektivbericht oder der Schatzsuche: Genaues Beobachten ist innerhalb dieser 11 Schau-genau-Aufträge gefragt, die den Bereich "Beschreiben" ergänzen.

G Lesen und Erzählen

Gelesenes oder Gehörtes zusammenfassen will geübt sein: In einer gelesenen Geschichte nach Schlüsselwörtern suchen, eine Geschichte auf einer Kassette hören und möglichst genau zusammenfassen oder ein lustiges Erlebnis einer Mitschülerin/eines Mitschülers aufschreiben.

Zur Werkstatt

H Spielgeschichten

Das Spiel mit der Sprache steht im Vordergrund, wenn zusammen eine Rundum-Geschichte verfaßt wird, in kleinen Gruppen verrückte Gedichte zusammengestellt oder ABC-Sätze gesucht werden.

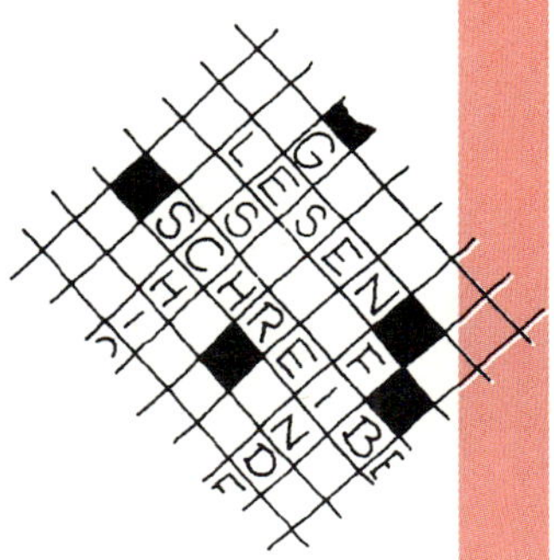

I Kreuz und Quer

"Kreuz und Quer" ist eine Sammlung verschiedenster Aufträge. Für die freie Dienerstelle auf Schloß Verxazulintua ist eine Bewerbung zu schreiben, für die Klasse wird ein Würfelspiel entworfen, und die Schüler und Schülerinnen verfassen einen Text über sich selbst.

K Geschichtenkiste

Wer die Geschichtenkiste öffnet, kann aus 11 Vorschlägen für eine eigene Geschichte auswählen: Labyrinthgeschichten, ein Minitheater-Stück, eine Endlos-Klassengeschichte, Hin-und-Her-Geschichten u.a. schreiben.

Zur Werkstatt

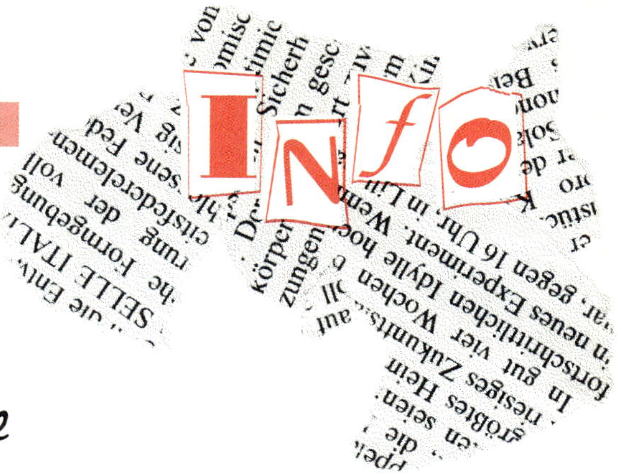

Die Arbeits-Pässe

Vom 'AFFODIL' bis zum 'LOEWEMADAR': Die Arbeits-Pässe führen die Schülerinnen und Schüler durch die Werkstatt.
Auf jedem der Arbeits-Pässe sind die Aufträge, die zu lösen sind, aufgeführt.

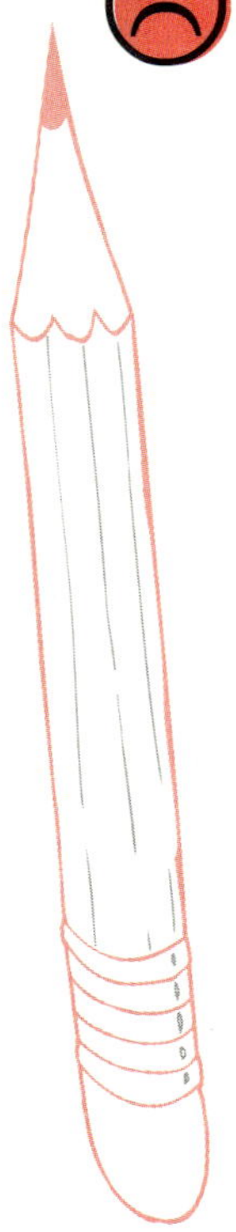

Zum Einsatz der Arbeits-Pässe:

Wenn die ganze Werkstatt durchgearbeitet werden soll, bildet das 'AFFODIL' den Beginn. Sind alle Aufträge des 'AFFODILS' gelöst worden, ist mit 'BRUMMGEISS' zu starten. Danach wartet der 'CHAMAELEFANT'. So setzt sich die Reihe fort, bis zum 'LOEWEMADAR'.
Im Bereich "Spielgeschichten" und "Geschichtenkiste" sind die Auftragsfelder leer. Hier können die Schülerinnen und Schüler selbst auswählen, was zu machen ist.

Für den Fall, daß nur einzelne Aufträge gelöst werden sollen, steht ein Blanko-Arbeits-Paß als Kopiervorlage zur Verfügung. Hier kann das Auftragsprogramm selbst zusammengestellt werden.

Zum Ausfüllen der Arbeits-Pässe (Vorschlag):

1. Feld: Nummer des Auftrags

2. Feld: Datum des Auftragbeginns

3. Feld: Datum des Auftragabschlusses

4. Feld: Kurze Rückmeldung der Lehrerin/des Lehrers.
Dazu kann der betreffende Smilie ausgemalt werden.

Das Geschichten-Checkblatt

Das Checkblatt soll der Schülerin oder dem Schüler eine Hilfe sein bei der Auswertung eines größeren Textes oder einer Geschichte. Der Check kann vor oder nach der Korrektur durch die Lehrkraft stattfinden.
Ziel ist es, daß die Schülerin oder der Schüler merkt, wo noch auffällige Unsicherheiten liegen (z.B. Zeitwechsel innerhalb des Textes, Satzbeginn immer mit ähnlichen Wörtern usw.).
Die Schülerin oder der Schüler soll sich bewußt werden, wo seine Verbesserungsmöglichkeiten liegen. Dabei ist die Rückmeldung des Lehrers/der Lehrerin von Bedeutung. Die Verbesserungsmöglichkeiten werden von den Schülern auf dem Checkblatt selbst formuliert.
Indem die zehn schwierigsten Wörter des Textes auf Kärtchen aufgeschrieben werden, findet auch die Rechtschreibung eine gewisse Berücksichtigung. Die Wörterkärtchen lassen sich später für das individuelle Rechtschreibtraining einsetzen.

Zusatzmaterial

Für einen Teil der im folgenden aufgeführten Zusatzmaterialien, sind am Ende dieser Mappe einige Vorlagen beigefügt. Dort finden Sie Beispiele für 'Scherben-' und 'Titelgeschichten' und eine Vorlage für eine Labyrinthgeschichte.

Bilderordner

Unbedingt erforderlich, da er für zahlreiche Aufträge in verschiedenen Bereichen benötigt wird. Andere Materialien, die in der untenstehenden Liste aufgeführt sind, beziehen sich nur auf einzelne Aufträge.

Er kann enthalten:
Abbildungen, die als Schwarz-Weiß Postkarten in entsprechenden Fachgeschäften erhältlich sind, Fotografien und Abbildungen aus Zeitungen/Zeitschriften u.v.m.

Zur Werkstatt

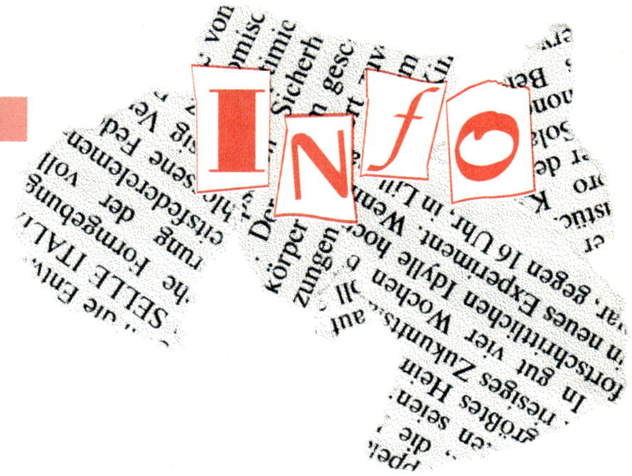

Bastelanleitungen

Im Bereich "Beschreiben" sind einfache Bastelanleitungen erforderlich (evtl. Bastelbuch).

Bastelmaterial

Für diesen Bereich sollten verschiedene Bastelmaterialien im Schulzimmer bereitgestellt werden (z.B. Karton, WC-Rollen, Papier, Stoff).

Bildergeschichten

Eine Auswahl von Bildergeschichten braucht es für Aufträge im Bereich "Beschreiben".
Ein Teil davon sollte mit Wortlisten versehen sein, die zu den Bildern passen. Ich setze in meiner Werkstatt "Bildergeschichten 3. Schuljahr", Ernst Klett Schulbuchverlag, Stuttgart 1992 (mit Wortlisten) ein.

Geschichtenbilder

Bilder, Karikaturen, Comics, die Anlaß für einen Geschichtenanfang sein können, sind bei einem Auftrag in der Reihe Geschichtenkiste gefragt.
In meiner Werkstatt setze ich die Reihe "Erzähl' mal" (Verlag an der Ruhr) ein.

Scherbengeschichten

Kurze, einfache Geschichten (z.B. aus dem Lesebuch), die zerschnitten werden können, sollten in einem "Scherbengeschichtenordner" vorhanden sein.

Quellen

Anstöße zu einzelnen Aufträgen in meiner Werkstatt gaben mir:

- Irre Seiten - Packender Schreiben, Verlag an der Ruhr, Mülheim an der Ruhr 1991
- Schreibspiele ab 3. Schuljahr, Duden-Verlag, Mannheim 1988. Ideen aus dem Buch "Schreibspiele" fanden im Bereich 'Spielgeschichten' Verwendung.

Satzgeschichten A1

Treppengeschichten

Auftrag: Versuche auch solche Treppengeschichten zu schreiben:

Ich
Ich gehe
Ich gehe oft
Ich gehe oft im
Ich gehe oft im Sommer
Ich gehe oft im Sommer ins
Ich gehe oft im Sommer ins Freibad.

Schreibe mindestens fünf derartige Treppengeschichten. Sie dürfen lustig, unmöglich und noch ein drittes sein.

Form: Einzelarbeit

Material:
- ➪ Geschichtenheft

Satzgeschichten A2

Ein-Satz-Zufalls-Geschichten

Auftrag: Für die Ein-Satz-Zufalls-Geschichten brauchst Du Deinen Duden. Schlage ihn auf und zeige mit geschlossenen Augen auf ein Wort. Baue dieses Wort in einen Satz ein. Schreibe auf diese Weise zehn Ein-Satz-Zufalls-Geschichten.

Form: Einzelarbeit/Partnerarbeit

Material:
- ➪ Duden
- ➪ Geschichtenheft

Satzgeschichten A3

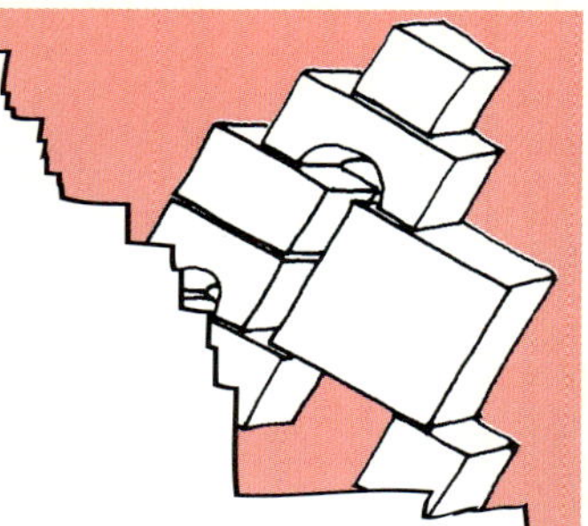

Klebe-Sätze

Auftrag: Hole eine Zeitung. Betrachte die Schlagzeilen oder die Werbeseiten genau. Schneide einige Wörter aus. Füge nun die Wörter so zusammen, daß verschiedene lustige, spannende, unmögliche Satzgeschichten entstehen. Setze vier bis sechs Sätze so zusammen und klebe sie auf ein Blatt.

Form: Einzelarbeit/Partnerarbeit

Material:
- ➪ Zeitung
- ➪ Schere, Leim
- ➪ Ordnerblatt

Satzgeschichten A4

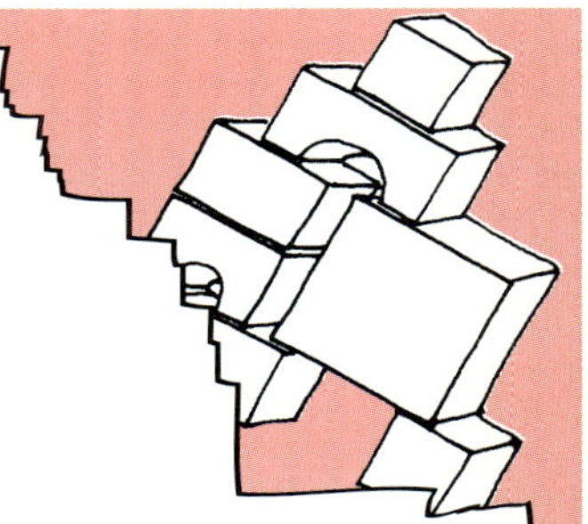

Zehn-Satz-Geschichten

Auftrag: Schreibe in Dein Geschichtenheft verschiedene Arten von Satzgeschichten. Versuche lustige, traurige, unmögliche, spannende ... Satzgeschichten zu erfinden. Schreibe auf diese Weise zehn Sätze auf!

Form: Einzelarbeit/Partnerarbeit

Material:
- ➪ Geschichtenheft

Satzgeschichten A5

Schwindelsätze

Auftrag: Schreibe in Dein Geschichtenheft sieben verschiedene Satzgeschichten. In Deinen Satzgeschichten darf aber nichts Wahres stehen. Alles, was Du aufschreibst, muß eine Schwindelei sein.

Form: Einzelarbeit/Partnerarbeit

Material:
- ➪ Geschichtenheft

Satzgeschichten A6

Satzzeichnung

Auftrag: Hier sollst Du eine Zeichnung nicht zeichnen, sondern aufschreiben:

Versuche auf einem Blatt selbst eine solche Satzzeichnung herzustellen!

Form: Einzelarbeit

Material:
- ➪ leeres Blatt
  (Blatt nach Kontrolle ins Geschichtenheft einkleben oder einordnen)

Satzgeschichten A7

Pickwort-Sätze

Auftrag: Schreibe einen Satz. Picke ein Wort aus dem geschriebenen Satz heraus (ein Nomen, ein Verb oder ein Adjektiv). Baue das herausgepickte Wort in den nächsten Satz ein. Picke aus diesem Satz nun wieder ein anderes Wort heraus, das Du in den nächsten Satz einbauen kannst.
Schreibe insgesamt zehn Pickwort-Sätze in dieser Form auf.

Form: Einzelarbeit/Partnerarbeit

Material: ➪ Geschichtenheft

Satzgeschichten A8

Lieblingswort-Sätze

Auftrag: Überlege Dir ein Wort, das Dir gefällt. Schreibe nun zu diesem Wort so viele verschiedene Sätze auf, wie Dir in den Sinn kommen. Wenn Dir zum ersten Lieblingswort keine weiteren Sätze mehr einfallen, überlegst Du Dir ein weiteres Wort.
Schreibe Deine Sätze zu insgesamt drei Lieblingswörtern!

Form: Einzelarbeit

Material: ➪ Geschichtenheft

Satzgeschichten A9

Fünf-Satz-Minimärchen

Auftrag: Versuche lustige, unmögliche, spannende, traurige ... Mini-Märchen aufzuschreiben.
Deine Märchen beginnen immer mit: Es war einmal ...
Sie dürfen nicht länger als sechs Sätze sein. Kannst Du drei verschiedene Fünf-Satz-Mini-Märchen aufschreiben?

Form: Einzelarbeit/Partnerarbeit

Material:
- ➪ Geschichtenheft

Satzgeschichten A10

Schreibmischane-Sätze

Auftrag: Josef Guggenmos schrieb folgendes Schreibmaschinen-Gedicht:

```
O unberachenbere Schreibmischane,
was bist du für ein winderluches Tier?
Du tauschst die Bachstuben günz nach Vergnagen
und schröbst so scheinen Unsinn aufs Papier!
Du tappst die falschen Tisten, luber Bieb!
O sige mar, was kann ich dafür?
```

Findest Du heraus, wie das Gedicht richtig heißen sollte? Bei welchen Lauten vertippte sich der Schreiber?
Schreibe derartige Schreibmischanen-Sätze mit der Schreibmaschine!

Form: Einzelarbeit/Partnerarbeit

Material:
- ➪ leeres Blatt
- ➪ Schreibmaschine
- ➪ Geschichtenheft (Blatt einkleben)

Satzgeschichten A11

Umstell-Sätze

Auftrag: Erfinde einen Satz und schreibe ihn auf. Versuche nun, diesen Satz umzustellen. Schreibe alle Arten der Umstellung, die Du finden kannst, dazu!

Beispiel:
Jeden Abend lese ich in meinem Buch weiter.
In meinem Buch lese ich jeden Abend weiter.
Weiter lese ich in meinem Buch jeden Abend.

Versuche insgesamt fünf eigene Sätze auf diese Art umzustellen.

Form: Einzelarbeit/Partnerarbeit

Material: ➪ Geschichtenheft

Satzgeschichten A12

Sprechblasen-Sätze

Auftrag: Suche in Zeitschriften und Zeitungen Werbungen und Bilder, auf denen Personen zu sehen sind. Was denken sie? Was sagen sie? Überlege es Dir, und schreibe einen passenden Sprechblasen-Satz dazu.
Schreibe in mindestens acht Bildern einen derartigen Satz.

Form: Einzelarbeit/Partnerarbeit

Material: ➪ Zeitschriften, Zeitungen

Satzgeschichten

Blanko

Auftrag:

Form:

Material:

Satzgeschichten

Blanko

Auftrag:

Form:

Material:

© Verlag an der Ruhr, Postfach 102251, 45422 Mülheim an der Ruhr

Bildergeschichten B1

Bilderreihe

Auftrag: Im Bildergeschichten-Ordner findest Du eine Auswahl an Bilderreihen. Wähle aus dem Ordner eine Bilderreihe aus. Schreibe die Geschichte anhand des Blattes. Die Wortlisten helfen Dir beim Verfassen der Geschichte.

Form: Einzelarbeit

Material:
- ➪ Bildergeschichte (aus Bildergeschichten-Ordner)
- ➪ Geschichtenheft

Bildergeschichten B2

Bildergeschichte

Auftrag: Wähle aus dem Ordner eine Bildergeschichte aus. Versuche zu den Bildern eine passende Geschichte aufzuschreiben.

Form: Einzelarbeit

Material:
- ➪ Bildergeschichte (aus Bildergeschichten-Ordner)
- ➪ Geschichtenheft

Bildergeschichten B3

Ein-Bild-Geschichte (Mittelteil)

Auftrag: Wähle aus dem Bilderordner ein Bild aus. Das, was Dein Bild zeigt, soll irgendwo in Deiner Geschichte vorkommen.

Form: Einzelarbeit

Material:
- ➭ Bild für den Anfang der Geschichte (aus dem Bilderordner)
- ➭ Geschichtenheft

Bildergeschichten B4

Klebebilder-Geschichten

Auftrag: Suche in alten Heften und Zeitungen nach Bildern, die Du in einer Geschichte gebrauchen könntest (z.B. Werbebilder). Nimm ein Bild und klebe es auf. Schreibe nun einen zum Bild passenden Geschichtenanfang. Klebe danach ein zweites Bild auf, und schreibe die Geschichte zum Bild passend weiter. Setze Deine Arbeit auf diese Weise fort, bis eine zusammenhängende Bildergeschichte entsteht.

Form: Einzelarbeit/Partnerarbeit

Material:
- ➭ Bilder aus alten Heften und Zeitungen
- ➭ Geschichtenheft

Bildergeschichten B5

Ein-Bild-Geschichte (Anfang)

Auftrag: Wähle aus dem Bilderordner ein Bild aus. Das Bild, das Du ausgewählt hast, soll den Anfang Deiner Geschichte zeigen. Kannst Du eine Geschichte erfinden, die mit diesem Bild beginnt?

Form: Einzelarbeit

Material:
- ➪ Bild für den Anfang der Geschichte (aus Bilderordner)
- ➪ Geschichtenheft

Bildergeschichten B6.1

Filmgeschichte

Auftrag: Zeichne einen Mini-Film in zehn Bildern. Zeichne die einzelnen Bilder mit Bleistift.
Im Bildergeschichten-Ordner findest Du ein Vorlageblatt.
Schreibe nun zu Deinem Mini-Film das Drehbuch. Schreibe also den Text, der zu Deinem Film paßt, dazu.

Form: Einzelarbeit

Material:
- ➪ Vorlageblatt mit zehn Bildern (aus Bildergeschichten - Ordner)

Bildergeschichten B6.2

Filmgeschichte

Auftrag: Zeichne einen Mini-Film in fünf Bildern. Zeichne Deine einzelnen Bilder mit Bleistift.
Im Bildergeschichten-Ordner findest Du eine Vorlage.
Schreibe nun zu Deinem Mini-Film das Drehbuch, also einen Text, der zu Deinem Film paßt, dazu.

Form: Einzelarbeit

Material:
- Vorlageblatt mit fünf Bildern (aus Bildergeschichten-Ordner)

Bildergeschichten B7

Ein-Bild-Geschichte (Schluß)

Auftrag: Wähle aus dem Bilderordner ein Bild aus. Das Bild, das Du ausgewählt hast, soll den Schluß Deiner Geschichte zeigen. Kannst Du eine Geschichte erfinden, die so enden wird?

Form: Einzelarbeit

Material:
- Bild für den Schluß der Geschichte (aus Bilderordner)
- Geschichtenheft

Bildergeschichten B8

Zufallsbildergeschichte

Auftrag: Suche aus dem Bilderordner drei Bilder wahllos heraus. Bringe die Bilder in eine sinnvolle Reihenfolge.
Nun versuchst Du, aus Deinen drei ausgewählten Bildern eine Geschichte zu machen. Jedes der drei Bilder muß in Deiner Geschichte irgendwo vorkommen.

Form: Einzelarbeit/Partnerarbeit

Material:
- 3 Bilder (aus Ordner)
- Geschichtenheft

Bildergeschichten B9

Fotogeschichte

Auftrag: Sicher findest Du zu Hause viele Fotos, die nicht mehr gebraucht werden. Sammle einige zusammen und bringe sie mit in die Schule. Denn für die Fotogeschichte brauchst Du Fotos.
Wähle eine Fotografie aus. Sie soll der Anfang einer Geschichte sein. Klebe die Fotografie auf und schreibe dazu einen passenden Geschichtenanfang. Wähle danach ein zweites Foto aus, und setze Deine Geschichte zum Bild passend fort. Führe Deine Arbeit in dieser Weise weiter, bis eine zusammenhängende Geschichte entsteht.
Falls Du nur einen bestimmten Bildausschnitt brauchst, darfst Du diesen ausschneiden.

Form: Einzelarbeit/Partnerarbeit

Material:
- alte Fotos (von zu Hause); vielleicht kannst Du Fotos mit jemandem in der Klasse tauschen
- Geschichtenheft

Bildergeschichten B10

Zwei-Bild-Geschichte

Auftrag: Wähle aus dem Bilderordner zwei Bilder aus! Das erste Bild, das Du ausgewählt hast, soll der Anfang Deiner Geschichte sein. Das zweite Bild bildet den Schluß der Geschichte.

Form: Einzelarbeit

Material:
- ➪ ein Bild für den Anfang und ein Bild für den Schluß der Geschichte (aus Bilderordner)
- ➪ Geschichtenheft

Bildergeschichten B11

Mini-Comic-Geschichte

Auftrag: Entwerfe für Dich eine Mini-Comic-Geschichte. Im Geschichten-Kisten-Ordner findest Du ein Vorlageblatt dazu. In die Felder zeichnest Du mit Bleistift die Zeichnungen. Darunter schreibst Du den passenden Text zu Deiner Comic-Geschichte.

Form: Einzelarbeit

Material:
- ➪ Vorlageblatt für Comic-Geschichte (aus Geschichten-Kisten-Ordner)

Bildergeschichten

Blanko

Auftrag:

Form:

Material:

Bildergeschichten

Blanko

Auftrag:

Form:

Material:

Wörtergeschichten C1

Dudenwörtergeschichte

Auftrag: Nimm Deinen Duden und schlage ihn irgendwo auf. Schliesse Deine Augen, und zeige mit einem Finger blind auf ein Wort. Suche auf diese Weise sieben Wörter zusammen. Wähle danach vier Wörter aus und baue diese in Deine Geschichte ein! Markiere diese Wörter in Deiner Geschichte mit einem Farbstift.

Form: Einzelarbeit/Partnerarbeit

Material:
- Duden
- Geschichtenheft

Wörtergeschichten C2

Suchwörtergeschichte

Auftrag: Bevor Du mit dieser Geschichte beginnen kannst, mußt Du auf die Wörtersuche gehen. Insgesamt brauchst Du vier Wörter: zwei Nomen, ein Verb und ein Adjektiv. Dazu machst Du bei vier Schülern oder Schülerinnen ein kurzes Wörterinterview. Frage jemanden nach einem Nomen, jemanden nach einem Verb, jemanden nach einem Adjektiv und noch jemanden nach einem Nomen. Versuche, diese vier Wörter in eine Geschichte einzubauen!

Form: Einzelarbeit/Partnerarbeit

Material:
- Notizpapier, um die vier Wörter aufzuschreiben
- Geschichtenheft

Wörtergeschichten C3

Zeitungsgeschichte

Auftrag: Hole eine Zeitung und schlage sie irgendwo auf. Nimm einen Bleistift, und ziehe auf dieser Seite einen faustgroßen Kreis. Betrachte die Wörter, die Du in diesem Kreis findest, genau. Wähle fünf Wörter aus! Versuche, sie in eine eigene Geschichte einzubauen!

Form: Einzelarbeit/Partnerarbeit

Material:
- Zeitung
- Geschichtenheft

Wörtergeschichten C4

Gegenstands-Geschichte

Auftrag: Wähle drei Gegenstände aus, die Du finden kannst. Nimm die Gegenstände an Deinen Platz. Verfasse eine Geschichte, in welcher diese drei Gegenstände eine wichtige Rolle spielen!

Form: Einzelarbeit

Material:
- drei Gegenstände
- Geschichtenheft

Wörtergeschichten C5

E-Wörtergeschichte

Auftrag: Schlage Deinen Duden bei den Wörtern, die mit "E" beginnen, auf! Erfinde nun eine Geschichte. Versuche dabei, möglichst viele Wörter, die mit "E" beginnen, in Deine Geschichte einzubauen.

Form: Einzelarbeit/Partnerarbeit

Material:
- ➩ Duden
- ➩ Geschichtenheft

Wörtergeschichten C6

?-Wörtergeschichte

Auftrag: Denke Dir einen Buchstaben aus. Schlage Deinen Duden in diesem Teil auf! Einige dieser Wörter, die mit Deinem ausgewählten Buchstaben beginnen, brauchst Du für Deine Geschichte. Versuche nämlich, möglichst viele Wörter, die mit diesem Buchstaben beginnen, in Deine Geschichte sinnvoll einzubauen.

Form: Einzelarbeit/Partnerarbeit

Material:
- ➩ Duden
- ➩ Geschichtenheft

Wörtergeschichten

Blanko

Auftrag:

Form:

Material:

Wörtergeschichten

Blanko

Auftrag:

Form:

Material:

Beschreiben D1

Mein Zimmer

Auftrag: Setze Dich mit jemandem zusammen, der noch nie bei Dir zu Hause gewesen ist.
Versucht nun, Euer Zimmer möglichst genau zu beschreiben.
Schreibt Eure Beschreibung auf ein Blatt.
Wenn Ihr fertig seid, tauscht Ihr Eure Beschreibungen aus. Anhand der ausgetauschten Beschreibungen versucht Ihr nun, einen Zimmerplan zu zeichnen (auf die Rückseite des Blattes).
Wie genau könnt Ihr das Zimmer Eures Kollegen/Eurer Kollegin zeichnen?

Form: Partnerarbeit

Material: ➪ Ordnerblatt

Beschreiben D2

Vermißtenanzeige

Auftrag: Ein besonderes Tier ist entlaufen. Schreibe eine genaue Vermißtenanzeige!

Form: Einzelarbeit/Partnerarbeit

Material: ➪ Geschichtenheft

Beschreiben D3

Schwindelgeschichte

Auftrag: Verfasse eine Geschichte über Dich selbst. Beschreibe Dich und Deine Familie, Dein Zuhause usw. In Deiner Geschichte mußt Du aber irgendwo eine Lüge einbauen. Du mußt etwas über Dich aufschreiben, das nicht stimmt und frei erfunden ist.
Lies Deine Geschichte am Schluß jemandem vor. Findet der Zuhörer oder die Zuhörerin heraus, was nicht stimmt in Deiner Geschichte?

Form: Einzelarbeit

Material: ➪ Geschichtenheft

Beschreiben D4

Mein Schulweg

Auftrag: Beschreibe Deinen Schulweg möglichst genau. Um etwas genauer zu erklären, darfst Du Deinen Text auch mit kleinen Zeichnungen ergänzen.
In Deiner Beschreibung kannst Du auch aufzählen, was Dir am Schulweg gefällt, wo Du schon Sonderbares erlebt hast usw.

Form: Einzelarbeit/Partnerarbeit

Material: ➪ Geschichtenheft

Beschreiben D5

Bastelanleitung

Auftrag: Im Ordner "Beschreiben" findest Du verschiedene Bastelanleitungen. Wähle eine aus, und versuche den betreffenden Gegenstand nach den Anweisungen herzustellen.
Im Schulzimmer stehen Dir verschiedene Bastelmaterialien zur Verfügung. Versuche aus diesen Materialien selbst etwas zu basteln. Erstelle dazu eine Bastelanleitung. Zeichne die wichtigsten Schritte in Form von Bildern.
Wenn Du fertig bist, kannst Du Deine Bastelanleitung ebenfalls in den Ordner "Beschreiben" legen, damit andere Deine Bastelanleitung auch benützen können.

Form: Einzelarbeit/Partnerarbeit

Material:
- ➪ Bastelanleitung
- ➪ Bastelmaterialien

Beschreiben D6

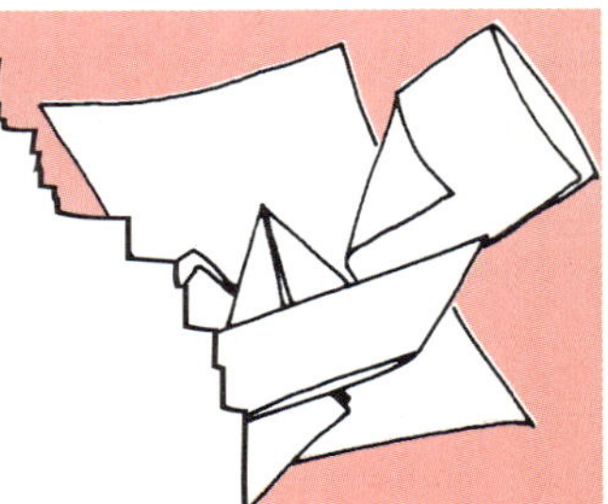

Telefonieren aus der Telefonzelle

Auftrag: Telefoniere von einer Telefonkabine aus ins Schulhaus.
Bevor Du aber aus einer Telefonkabine aus telefonieren kannst, mußt Du einige Anweisungen befolgen. Notiere Dir alle Schritte, die Du tun mußt, bis die Verbindung hergestellt ist. Schreibe diese in Stichworten auf. Verfasse danach eine kleine Gebrauchsanweisung.

Form: Partnerarbeit

Material:
- ➪ Geld zum Telefonieren
- ➪ Notizblatt für Stichworte
- ➪ Ordnerblatt

Beschreiben D7

Gebrauchsanweisung

Auftrag: In der heutigen Zeit gibt es verschiedene Geräte, die uns im Alltag helfen (z.B. Telefon, Kochherd, Radio, Computer usw.). Stell Dir vor, Du müßtest jemandem, der aus der Vergangenheit in unsere heutige Zeit gereist ist, eines dieser Geräte erklären. Verfasse eine genaue Gebrauchsanweisung!

Form: Einzelarbeit/Partnerarbeit

Material: ➪ Geschichtenheft

Beschreiben D8

Da war ich ...

Auftrag: Sicher hat Dich etwas schon sehr traurig gestimmt.
Sicher hast Du schon einmal etwas Unheimliches erlebt.
Sicher hast Du schon ein ganz lustiges Erlebnis gehabt.
Sicher hattest Du schon einmal große Angst.
Sicher ...

Über eines dieser Erlebnisse weißt Du sicher mehr zu berichten. Wähle eines aus, und schreibe dieses Erlebnis in Dein Geschichtenheft. Beschreibe auch Deine Gefühle, die Du dabei empfunden hast.

Form: Einzelarbeit

Material: ➪ Geschichtenheft

Beschreiben D9

Das finde ich ...

Auftrag: Deine Meinung ist gefragt. Sicher gibt es Dinge, mit denen Du nicht immer einverstanden bist. Wähle etwas aus und formuliere Deine Meinung darüber. Begründe genau, warum Du so denkst. (Du kannst auch über ein Erlebnis berichten, das sich früher einmal abspielte.)

Form: Einzelarbeit

Material: ➪ Geschichtenheft

Beschreiben D10

Freude ist ...

Auftrag: Was bedeutet Freude für Dich? Wann empfindest Du Freude? Du kannst dazu schreiben und malen.

Form: Einzelarbeit

Material: ➪ Geschichtenheft

Beschreiben

Blanko

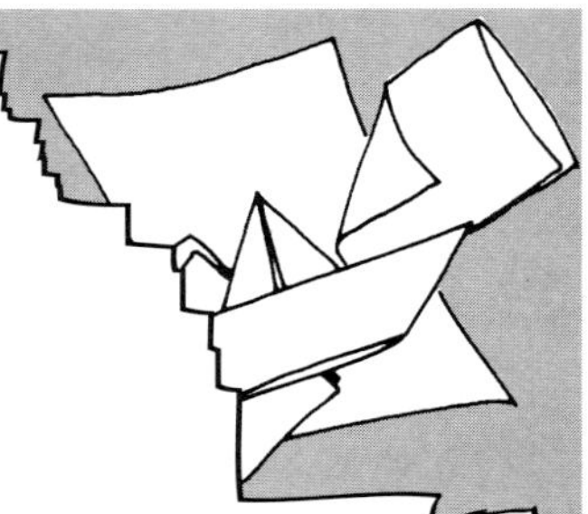

Auftrag:

Form:

Material:

Beschreiben

Blanko

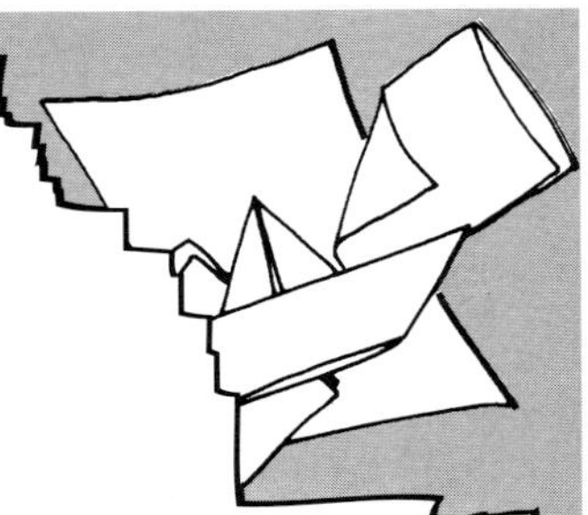

Auftrag:

Form:

Material:

© Verlag an der Ruhr, Postfach 102251, 45422 Mülheim an der Ruhr

Text- und Geschichtenwerkstatt

Scherbengeschichten E1

Tohuwabohu-Geschichten

Auftrag: Im Ordner "Scherbengeschichten" findest Du verschiedene Geschichten, die durcheinander geraten sind. Ihre Reihenfolge stimmt nicht mehr.
Wähle eine Geschichte aus, und versuche, sie wieder richtig zusammenzusetzen. Bringst Du sie wieder in die richtige Reihenfolge?

Form: Einzelarbeit/Partnerarbeit

Material:
- Blatt aus Ordner "Scherbengeschichten"
- eventuell Geschichtenheft

Scherbengeschichten E2

Scherbengeschichten (Anfang)

Auftrag: Im Ordner "Scherbengeschichten" findest Du verschiedene "Geschichtenscherben". Wähle einen solchen Geschichtenteil aus. Lies ihn durch. Diese "Geschichtenscherbe" soll der Anfang Deiner Geschichte sein. Schreibe nun also eine Geschichte, die mit diesem Geschichtenteil beginnt.

Form: Einzelarbeit/Partnerarbeit

Material:
- Geschichtenteil aus dem Ordner "Scherbengeschichten"
- Geschichtenheft

Scherbengeschichten E3

Scherbengeschichten (Mittelteil)

Auftrag: Im Ordner "Scherbengeschichten" findest Du verschiedene "Geschichtenscherben". Wähle einen solchen Geschichtenteil aus. Lies ihn durch. Diese ausgewählte "Geschichtenscherbe" soll mitten in Deiner Geschichte vorkommen. Baue nun also diesen Teil so ein, daß er passend im Mittelteil Deiner Geschichte vorkommt.

Form: Einzelarbeit/Partnerarbeit

Material:
- Geschichtenteil aus dem Ordner "Scherbengeschichten"
- Geschichtenheft

Scherbengeschichten E4

Scherbengeschichten (Schluß)

Auftrag: Im Ordner "Scherbengeschichten" findest Du verschiedene "Geschichtenscherben". Wähle einen solchen Geschichtenteil aus. Lies ihn durch. Diese ausgewählte "Geschichtenscherbe" soll der Schluß Deiner Geschichte sein. Schreibe nun also eine Geschichte, die mit diesem Teil endet.

Form: Einzelarbeit/Partnerarbeit

Material:
- Geschichtenteil aus dem Ordner "Scherbengeschichten"
- Geschichtenheft

Scherbengeschichten E5

Sammelscherbengeschichten

Auftrag: Im Ordner "Scherbengeschichten" findest Du verschiedene "Geschichtenscherben". Wähle verschiedene derartige Geschichtenteile aus. Erfinde eine Geschichte und versuche dabei, möglichst viele dieser ausgewählten "Geschichtenscherben" in Deiner Geschichte passend einzubauen.

Form: Einzelarbeit/Partnerarbeit

Material:

- verschiedene Geschichtenteile aus dem Ordner "Scherbengeschichten"
- Geschichtenheft

Scherbengeschichten Blanko

Auftrag:

Form:

Material:

© Verlag an der Ruhr, Postfach 102251, 45422 Mülheim an der Ruhr

Schau-genau-Geschichten F1

Was stimmt nicht?

Auftrag: Wähle aus dem Bilderordner ein geeignetes Bild aus. Betrachte es genau, und versuche, das Bild möglichst genau zu beschreiben. Baue aber in Deine Bildbeschreibung einen kleinen Fehler ein. Eine Einzelheit darf nicht stimmen.
Wenn Du Deine Beschreibung beendet hast, zeigst Du Dein ausgewähltes Bild einem Mitschüler oder einer Mitschülerin zur genauen Betrachtung. Nach etwa 10 Sekunden kehrst Du das Bild auf die Rückseite um. Lies nun Deine Beschreibung vor. Merkt Dein Mitschüler/Deine Mitschülerin, was nicht stimmen kann?

Form: Einzelarbeit

Material:
- Geschichtenheft
- Bild aus dem Bilderordner

Schau-genau-Geschichten F2

Ich sehe was, was Du nicht siehst

Auftrag: Vom Schulzimmer aus hast Du einen guten Überblick über die ganze Umgebung. Merke Dir drei ganz besondere Einzelheiten, die Du sehen kannst.
Verfasse nun drei Rätsel: In jedem Rätsel beschreibst Du eine Einzelheit, die Du dir gemerkt hast, ganz genau. Welche es ist, und wo sie ist, darfst Du dabei nicht erwähnen. Du darfst nur beschreiben, wie sie aussieht. Wenn Du fertig bist, gibst Du Deine drei Rätsel einer Mitschülerin oder einem Mitschüler weiter. Kann sie/er Deine drei ausgewählten Dinge herausfinden?

Form: Einzelarbeit

Material:
- Geschichtenheft

Schau-genau-Geschichten F3

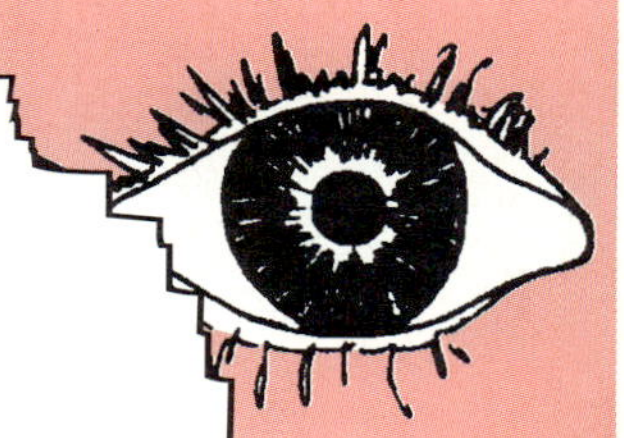

Eine Zeichnung

Auftrag: Mache auf ein kleines Zeichenblatt (Format A5) eine einfache Zeichnung.
Beschreibe danach Deine Zeichnung möglichst genau. Wenn Du fertig bist, versteckst Du Deine Zeichnung an Deinem Platz. Gib Deine Beschreibung der Zeichnung einem Mitschüler oder einer Mitschülerin weiter. Er/sie muß versuchen, mit Deiner Beschreibung die Zeichnung möglichst genau aufzuzeichnen. Vergleicht am Schluß die Zeichnungen miteinander. Sind die Unterschiede groß?

Form: Einzelarbeit

Material:
- ➪ kleines Zeichenpapier
- ➪ Ordnerblatt

Schau-genau-Geschichten F4

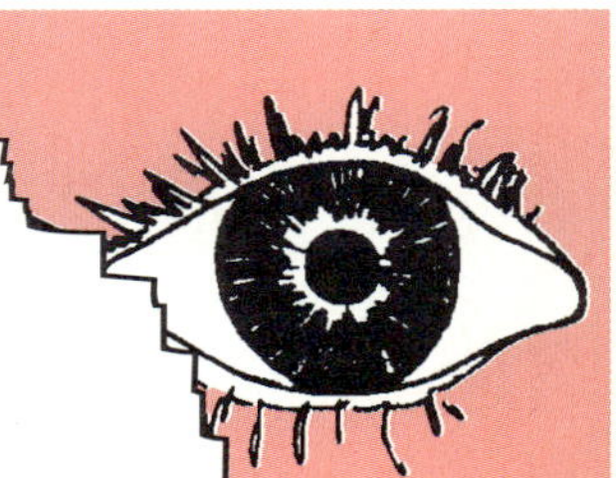

Was ich sehen kann

Auftrag: Setze Dich auf den Pausenplatz. Schaue in eine bestimmte Richtung. Was kannst Du von deinem Platz aus nun alles entdecken? Schreibe Deinen "Entdecker-Bericht" auf ein Blatt. Achte darauf, daß Du alles möglichst genau beschreibst, was Du entdecken kannst.

Form: Einzelarbeit/Partnerarbeit

Material:
- ➪ Ordnerblatt

© Verlag an der Ruhr, Postfach 102251, 45422 Mülheim an der Ruhr

Schau-genau-Geschichten F5

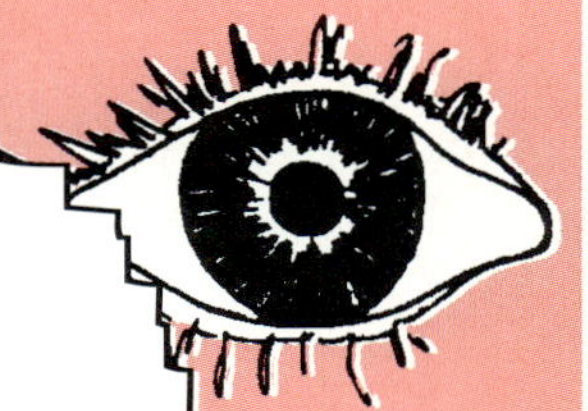

Traumferien

Auftrag: Wähle ein Landschaftsbild aus. Du erhältst nun den Auftrag, für einen Reiseprospekt diese Landschaft, die Du auf dem Bild siehst, möglichst genau zu beschreiben. Deine Beschreibung sollte möglichst verlokkend klingen. Preise die Landschaft überzeugend an!

Schreibe Deinen Text in das Geschichtenheft. Klebe Dein Bild (falls möglich) dazu.

Form: Einzelarbeit/Partnerarbeit

Material:
- Bild (aus Prospekt, Kalender, Heft ...)
- Geschichtenheft

Schau-genau-Geschichten F6

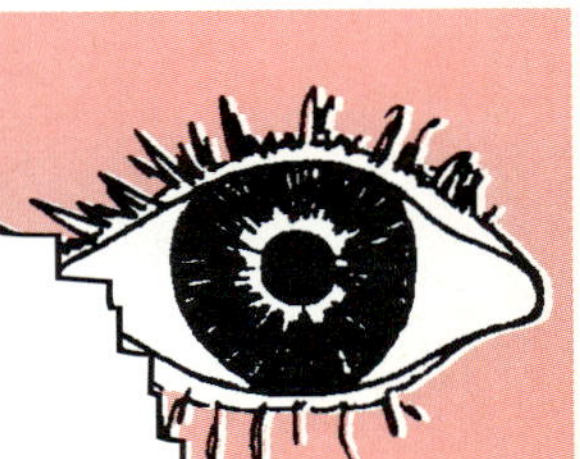

Gegenstands-Rätsel

Auftrag: Wähle einen Gegenstand aus, den Du gut beschreiben kannst. Es kann ein Gegenstand aus dem Schulzimmer oder von zu Hause sein. Beschreibe nun den Gegenstand genau, ohne daß Du erklärst, wofür er gebraucht wird. Beschreibe nur sein Aussehen.
Beschreibe auf diese Weise mindestens drei Gegenstände.

Lies danach Deine Gegenstands-Rätsel einer Mitschülerin oder einem Mitschüler vor. Kann sie/er Deine Gegenstände anhand Deiner Beschreibung erraten?

Form: Einzelarbeit/Partnerarbeit

Material:
- Geschichtenheft

Schau-genau-Geschichten F7

Welches Bild war es?

Auftrag: Wähle aus dem Bilderordner ein Bild aus. Beschreibe einen Ausschnitt des Bildes möglichst genau. Wenn Du Deine Beschreibung beendet hast, legst Du das Bild wieder in den Ordner zurück. Lies danach Deine Beschreibung einem Mitschüler oder einer Mitschülerin vor. Findet er/sie das Bild, das Du beschrieben hast, im Bilderordner wieder?

Form: Einzelarbeit

Material:
- Geschichtenheft
- Bild aus Bilderordner

Schau-genau-Geschichten F8

Detektiv-Bericht

Auftrag: An Deinem Wohnort gibt es verschiedene Plätze, auf denen etwas los ist. Wähle einen solchen Platz in der Nähe Deines Schulhauses aus. Beobachte, was sich während zehn Minuten alles auf dem Platz abspielt. Schreibe Deine Beobachtungen in Stichworten auf. Als guter Detektiv darfst Du dabei nur aufschreiben, was sich wirklich abspielt.
Kehre nachher wieder in das Schulzimmer zurück. Verfasse nun anhand Deiner Stichworte einen Detektiv-Bericht.

Form: Partnerarbeit

Material:
- Notizblatt
- Uhr
- Geschichtenheft

Schau-genau-Geschichten F9

Erfinder

Auftrag: Soeben hast Du eine Erfindung gemacht. Du hast etwas völlig Neues erfunden. Damit die Leute auf Deine bahnbrechende Erfindung aufmerksam werden, mußt Du einen Werbetext verfassen. Darin beschreibst Du, wie Deine Erfindung aussieht und was sie alles kann. Dazu darfst Du Deine Erfindung auch zeichnen.

Form: Einzelarbeit/Partnerarbeit

Material: ➩ Geschichtenheft

Schau-genau-Geschichten F10

Schatzsuche

Auftrag: Stell Dir vor, irgendwo in der Nähe des Schulhauses sei ein Schatz versteckt. Damit das Versteck des Schatzes gefunden werden kann, mußt Du eine eine Beschreibung erstellen. Beschreibe den Weg vom Schulhaus aus bis zum ausgewählten Versteck möglichst genau.
Deine Wegbeschreibung gibst Du nachher einem Mitschüler oder einer Mitschülerin weiter. Kommt er/sie zum Versteck, das Du ausgewählt hast?

Form: Einzelarbeit/Partnerarbeit

Material: ➩ Ordnerblatt für die Wegbeschreibung

Schau-genau-Geschichten Blanko

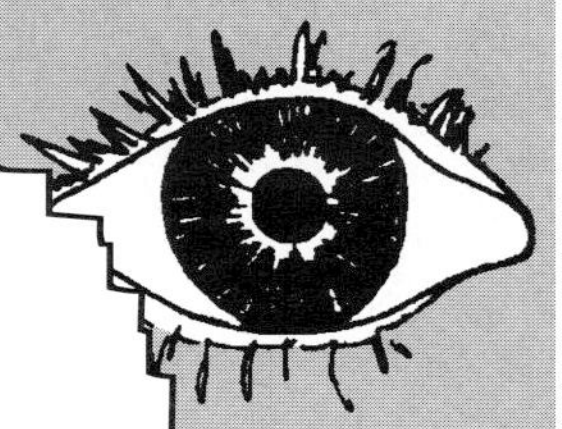

Auftrag:

Form:

Material:

Schau-genau-Geschichten Blanko

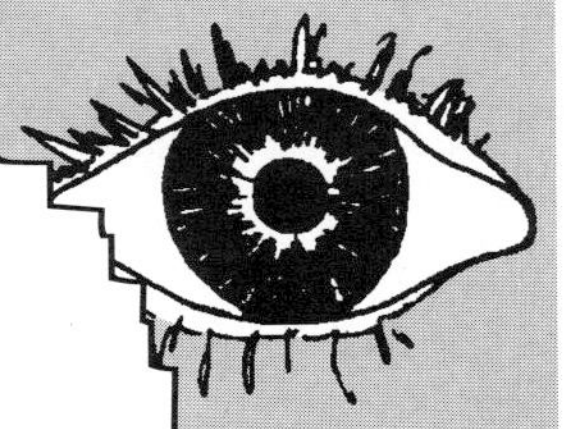

Auftrag:

Form:

Material:

Lesen und Erzählen G1

Schlüsselwörter

Auftrag: Lies eine Geschichte genau durch.
Wenn Du die Geschichte fertig gelesen hast, schreibst Du für Dich die Schlüsselwörter der Geschichte auf.
Gib das Blatt am Schluß zusammen mit der gelesenen Geschichte ab!

Form: Einzelarbeit/Partnerarbeit

Material:
- ➪ Geschichte (aus Geschichtenbuch, Zeitschrift usw.)
- ➪ Notizblatt

Lesen und Erzählen G2

Eine Geschichte lesen und zusammenfassen 1

Auftrag: Lies eine Geschichte genau durch. Wenn Du die Geschichte fertig gelesen hast, schreibst Du für Dich die wichtigsten Stichworte zum Inhalt der Geschichte auf.
Gib das Blatt am Schluß zusammen mit der gelesenen Geschichte ab!

Form: Einzelarbeit/Partnerarbeit

Material:
- ➪ Geschichte (aus Geschichtenbuch, Zeitschrift usw.)
- ➪ Notizblatt

Lesen und Erzählen G3

Witzstunde

Auftrag: Setze Dich mit jemanden zusammen. Holt zwei Zeitschriften und schlagt sie auf der Witzseite auf. Lest nun einander Witze vor. Wenn ihr die Witze erzählt habt, schreibt ihr die gehörten Witze möglichst genau und ohne Vorlage in das Geschichtenheft.

Form: Partnerarbeit

Material:
- Zeitschriften
- Geschichtenheft

Lesen und Erzählen G4

Eine Geschichte lesen und zusammenfassen 2

Auftrag: Lies eine Geschichte genau durch. Schreibe Dir während des Lesens die wichtigsten Punkte als Stichworte auf ein Notizblatt.
Wenn Du die Geschichte fertig gelesen hast, schreibst Du für Dich eine Zusammenfassung. Dabei helfen Dir die Stichworte, die Du während des Lesens notiert hast. Versuche, die Geschichte möglichst genau wiederzugeben.
Gib das Heft am Schluß zusammen mit der gelesenen Geschichte ab!

Form: Einzelarbeit/Partnerarbeit

Material:
- Geschichte (aus Geschichtenbuch, Zeitschrift usw.)
- Notizblatt für Stichworte
- Geschichtenheft

Lesen und Erzählen G5

Ein lustiges Erlebnis

Auftrag: Setze Dich mit jemandem zusammen! Erzählt euch nun gegenseitig einen lustigen Vorfall, den ihr einmal erlebt habt. Versucht danach, das gehörte Erlebnis möglichst genau ins Geschichtenheft zu schreiben.

Form: Partnerarbeit

Material:

- Geschichtenheft

Lesen und Erzählen G6

Kassettengeschichte

Auftrag: Auf einer Kassette ist eine Geschichte aufgenommen worden. Lasse sie abspielen, und höre Dir die Geschichte genau an. Versuche nachher, die gehörte Geschichte möglichst genau ins Geschichtenheft zu schreiben.

Form: Einzelarbeit

Material:

- Geschichtenkassette
- Abspielgerät
- Geschichtenheft

Lesen und Erzählen G7

Aus einer anderen Sicht

Auftrag: Wähle eine Geschichte aus und lies sie durch. Versetze Dich nach dem Lesen in eine Person aus der Geschichte. Versuche nun die Geschichte aus der Sicht dieser Person zu erzählen.

Form: Einzelarbeit/Partnerarbeit

Material:

- ➪ geeignete Geschichte (aus Geschichtenbuch oder aus passender Zeitschrift)

Lesen und Erzählen Blanko

Auftrag:

Form:

Material:

Spielgeschichten H1

Rundum-Geschichte

Auftrag: Setzt Euch zusammen an den Gruppentisch. Alle schreiben auf ein eigenes Blatt einen Satz. Dieser Satz soll der Anfang einer Geschichte sein. Nachdem alle ihren Satz aufgeschrieben haben, geht das Blatt nach rechts zum Nachbarn oder zur Nachbarin weiter usw. So entstehen langsam Rundum-Geschichten.

Form: Gruppenarbeit

Material: ➪ Ordnerblatt

Spielgeschichten H2

Pingpong-Geschichte

Auftrag: Setzt Euch zu zweit zusammen. Jemand schreibt auf ein Blatt Papier einen Satz. Dieser Satz ist der Anfang einer Geschichte. Nachdem der erste Satz aufgeschrieben worden ist, schreibt der/die andere einen Fortsetzungssatz.
Über den Inhalt der Sätze dürft Ihr euch nicht absprechen. Langsam entsteht auf diese Weise eine Pingpong-Geschichte.

Form: Partnerarbeit

Material: ➪ Ordnerblatt

Spielgeschichten H3

Telegraphieren

Auftrag: Setzt Euch in einer Gruppe zusammen. Jemand tippt auf einer Buchseite auf sieben Buchstaben und umkreist diese. Die ausgewählten Buchstaben schreiben alle auf. Danach versuchen alle, einen Telegrammtext aufzuschreiben. Dieser darf höchstens aus sieben Wörtern bestehen. Jedes Wort muß mit einem der ausgewählten Buchstaben beginnen.
Lest einander die Telegramme laut vor. Danach beginnt die nächste Buchstaben-Wahlrunde.

Form: in Dreier-/Vierergruppe

Material:
- Zeitung
- Telegramm-Vordruck oder Karteikarte

Spielgeschichten H4

Verrückte Gedichte

Auftrag: Alle in der Gruppe legen ein Blatt hochformatig vor sich hin. Faltet das Blatt nun dreimal in der Hälfte. Wenn Ihr das Blatt öffnet, sollten sieben Falzlinien entstanden sein. An den rechten Rand schreibt Ihr auf die erste und zweite Linie zwei Wörter, die sich reimen. Knickt danach die Reimwörter nach hinten, und gebt das Blatt nach rechts weiter. Das Reimen und Knicken macht Ihr so lange, bis alle acht Linien voll sind. Legt danach die Blätter in die Mitte des Tisches. Alle ziehen nun ein Blatt und versuchen, aus den Reimwörtern ein Gedicht zu machen. Lest Eure Gedichte am Schluß einander vor.

Form: Gruppenarbeit (3 bis 4 Personen) am Gruppentisch

Material:
- Notizblatt

Spielgeschichten H5

Zufallsgeschichten

Auftrag: Setzt Euch gruppenweise zusammen. Auf ein Blatt Papier schreibt sich jeder und jede eine Überschrift für eine Geschichte auf. Darunter schreibt Ihr den Anfang Eurer Geschichte. Mehr als zwei Sätze dürft Ihr aber nicht aufschreiben. Wenn Ihr fertig seid, gebt Ihr Euren Zettel Eurem linken Nachbarn weiter. Dieser liest den Text, der aufgeschrieben wurde, leise durch. Das Geschriebene faltet er danach nach hinten. Unter dem Falz schreibt er die Fortsetzung der Geschichte in höchstens zwei Sätzen. Wenn alle fertig sind, werden die Geschichten wieder nach links weitergegeben bis das Blatt vollgeschrieben ist.

Form: Gruppenarbeit (3 bis 4 Personen)

Material: ➪ Notizblatt

Spielgeschichten H6

Spielend Sätze suchen

Auftrag: Jemand beginnt das ABC laut aufzusagen. Nach dem C buchstabiert er für sich still weiter, bis sein linker Nachbar "Halt" ruft. Der Buchstabe, bei dem der ABC-Aufsager angelangt ist, ist der Anfangsbuchstabe für das Satz-Such-Spiel. Alle versuchen nun, einen möglichst langen Satz aufzuschreiben. Jedes Wort in diesem Satz muß aber mit diesem ausgewählten Buchstaben beginnen (X und Y werden ausgelassen).

Zum Beispiel:
Braune Bären brummen brav.

Form: Gruppenarbeit (3 bis 4 Personen)

Material: ➪ Blatt

Spielgeschichten H7

ABC-Sätze

Auftrag: Jemand beginnt das ABC laut aufzusagen. Nach dem C buchstabiert er/sie für sich still weiter, bis der linke Nachbar "Halt" ruft. Der Buchstabe, bei dem der ABC-Aufsager oder die Aufsagerin angelangt ist, ist der Anfangsbuchstabe für das Satz-Such-Spiel. Das erste Wort im Satz muß mit dem vereinbarten Buchstaben beginnen. Jedes weitere Wort muß mit dem nächsten Buchstaben, der im ABC folgt, beginnen. Versucht, den Satz möglichst lang zu machen.
Die Buchstaben X und Y können ausgelassen werden.

Beispiel:
Faule Giraffen hinken immer jauchzend.

Form: Gruppenarbeit (3 bis 4 Personen)

Material: ➪ Notizblatt

Spielgeschichten H8

Wermachtwaswiewo-Sätze

Auftrag: Alle in der Gruppe legen ein Blatt im Querformat vor sich hin. Faltet Euer Blatt in der Hälfte. Faltet danach das gefaltete Blatt nochmals in der Hälfte. Wenn Ihr das Blatt nun öffnet, sind vier Spalten zu sehen. Beschriftet die Spalten so: 1. WER? , 2. MACHT WAS?, 3. WIE?, 4. WO? Danach füllen alle die erste Spalte aus. Diese Spalte wird nach dem Ausfüllen nach hinten geknickt. Danach wiederholt sich das Aufschreiben, Knicken, Weitergeben bis der Satz beendet ist. Lest einander die Sätze vor, und beginnt dann mit der nächsten Runde. Wenn Ihr unter jeden Satz eine Linie zieht, bleibt das Blatt übersichtlich.

Form: Gruppenarbeit (3 bis 4 Personen)

Material: ➪ Notizblatt

Spielgeschichten H9

Minikrimi

Auftrag: Nehmt ein Blatt im Querformat, und zeichnet eine Tabelle mit sechs Spalten ein. Und das schreibt Ihr als Titel in die einzelnen Spalten:

1. Spalte: Weibliche Person?
2. Spalte: Männliche Person?
3. Spalte: Treffen sich wo?
4. Spalte: Sie fragt:
5. Spalte: Er antwortet:
6. Spalte: Wie endet die Geschichte?

Zuerst füllen alle die erste Spalte aus und knicken danach die erste Spalte nach hinten. Danach wird das Blatt nach links weitergegeben. So geht es weiter, bis alle Spalten ausgefüllt sind. Danach lest Ihr euren Satz-Krimi vor.
Wenn Ihr unter jeden Satz eine Linie zieht, bleibt das Blatt übersichtlich.

Form: Gruppenarbeit (3 bis 4 Personen)

Material: ➪ Notizblatt

Spielgeschichten H10

Fortsetzungsgeschichten

Auftrag: Alle haben zwei Blätter vor sich. Auf jedes Blatt wird eine Überschrift geschrieben. Schreibt darunter den Anfangssatz zur Geschichte. Wenn Ihr fertig seid, legt Ihr eure Blätter in die Tischmitte. Nachdem alle Ihr Blatt in die Mitte gelegt haben, wählen alle ein Blatt aus. Lest für Euch die bisher entstandene Geschichte durch. Nun setzt Ihr diese Geschichte mit einem weiteren Satz fort. Legt dann das Blatt wieder in die Tischmitte zurück, und wählt ein anderes Geschichtenblatt aus. Arbeitet auf diese Weise an den Geschichten, bis alle fertig sind. Wenn einige Geschichten fertig sind, dürft Ihr auch zu zweit an einer Geschichte arbeiten.

Form: Gruppenarbeit (3 bis 4 Personen) am Gruppentisch

Material: ➪ Notizblatt

Spielgeschichten

Blanko

Auftrag:

Form:

Material:

© Verlag an der Ruhr, Postfach 102251, 45422 Mülheim an der Ruhr

Spielgeschichten

Blanko

Auftrag:

Form:

Material:

Eine Einladung

Auftrag: Lade jemanden, der noch nie bei Dir zu Hause gewesen ist, ein. Schreibe eine Einladung. Folgende Punkte kann Deine Einladung enthalten:

- wo Du wohnst
- wann er/sie kommen kann
- warum Du ihn/sie einladen möchtest.

Schreibe Deine Einladung auf ein Briefpapier und gib diese Deiner Mitschülerin/Deinem Mitschüler weiter.

Form: Einzelarbeit

Material:

- ➪ Notizpapier für den Entwurf
- ➪ Briefpapier
- ➪ eventuell Briefumschlschlag

Mein Portrait

Auftrag: Gib Auskunft über Dich. Gestalte ein Blatt, auf dem folgende Angaben über Dich zu erfahren sind:

- wie ich heiße
- wo ich wohne
- wie ich aussehe
- was ich mag
- was ich nicht mag

Fähigkeiten und Eigenschaften:

- was ich besonders gut kann
- was ich noch verbessern muß.

Form: Einzelarbeit

Material:

- ➪ Blatt

Kreuz und quer D3

Einen Brief schreiben

Auftrag: Schreibe jemanden einen Brief. Vielleicht wolltest Du einem Mitschüler oder einer Mitschülerin schon lange etwas mitteilen. Oder vielleicht gibt es sonst jemanden, dem Du einen Brief schreiben möchtest.

Form: Einzelarbeit

Material:
- Notizpapier für Entwurf
- Briefpapier
- Briefumschlag

Kreuz und quer D4

Bewerbung (1. Teil)

Auftrag: Im Schloß Verxazulintua wird die Stelle des Dieners/der Dienerin frei. Du möchtest Dich unbedingt für diese Stelle bewerben. Das Schloß liegt sehr schön auf einer kleinen Insel im Meer.
Schreibe einen Bewerbungsbrief, indem Du erklärst, warum Du genau die richtige Person für diesen Job bist.

Form: Einzelarbeit

Material:
- Geschichtenheft

Kreuz und quer D5

Bewerbung (2. Teil)

Auftrag: Sicher hast Du auch einen Beruf, den Du gerne erlernen möchtest. Stell Dir vor, Du hättest die Ausbildung dazu nun abgeschlossen. Nun bewirbst Du Dich um einen Job.
Schreibe einen Bewerbungsbrief und formuliere genau, warum Du diesen Beruf gerne ausüben würdest und warum Du für diesen Beruf geeignet wärst.

Form: Einzelarbeit

Material: ➪ Geschichtenheft

Kreuz und quer D6

Pro und Contra (1. Teil)

Auftrag: Paul möchte gerne eine elektrische Gitarre haben. Die Eltern sind dagegen.

Pro: (dafür)
Nenne alle Gründe, die Paul dafür anführen kann.

Contra: (dagegen)
Nenne alle Gründe, welche die Eltern dagegen anführen können.

Schreibe zuerst alle Pro-Gründe und danach alle Contra-Gründe auf ein Blatt.

Form: Einzelarbeit/Partnerarbeit

Material: ➪ Blatt

Kreuz und quer D7

Meine Meinung

Auftrag: Formuliere Deine Meinung zu einem bestimmten Thema (z. B. über ein gelesenes Buch, über etwas im Sport, zu Hause, in der Schule usw.). Schreibe auf, was Du darüber denkst, und begründe Deine Meinung (d.h. schreibe auf, warum Du so denkst).

Form: Einzelarbeit/Partnerarbeit

Material: ➪ Blatt

Kreuz und quer D8

Pro und Contra (2. Teil)

Auftrag: Zu allem gibt es immer zwei Seiten. Eine Seite spricht dafür (pro) und eine Seite spricht dagegen (contra). Überlege Dir zu einem bestimmten Thema (z. B. Auto, Sport, moderne Musik usw.) Günde, die dafür oder dagegen sprechen können. Formuliere zuerst alle Pro-Gründe und danach alle Contra-Gründe.

Form: Einzelarbeit/Partnerarbeit

Material: ➪ Blatt

Kreuz und quer I9

Ein Spiel entwerfen

Auftrag: Entwerfe auf einem Zeichenblatt ein Würfelspiel. Das Spiel darf nicht mehr als dreizehn Felder haben. Schreibe zum Spiel eine Spielanleitung. Melde Dich beim Lehrer, falls Du weitere Materialien (z. B. Kärtchen) für das Spiel brauchen solltest. Stelle Dein Spiel Deiner Klasse vor.

Form: Einzelarbeit/Partnerarbeit

Material:
- ➪ Zeichenpapier

© Verlag an der Ruhr, Postfach 102251, 45422 Mülheim an der Ruhr

Kreuz und quer Blanko

Auftrag:

Form:

Material:

Geschichtenkiste K1

Reime-Eimer

Auftrag: Zeichne auf ein Notizblatt einen großen Eimer. Suche für Dich möglichst viele Reimwörter. Fülle damit Deinen großen Reime-Eimer. Wenn Dein Reime-Eimer randvoll gefüllt ist, versuchst Du, mit diesen Wörtern ein Gedicht zu schreiben.
Schreibe es in Dein Geschichtenheft.

Form: Einzelarbeit/Partnerarbeit

Material:
- Notizblatt
- Geschichtenheft

Geschichtenkiste K2

Forscherbericht

Auftrag: Wähle ein Thema aus, das Dich interessiert. Vielleicht ist es ein Thema, das wir in der Schule zur Zeit behandeln oder schon behandelt haben. Du darfst aber auch ein anderes Thema auswählen - zum Beispiel zu einem Tier, einem Hobby, zum Sport, zur Geschichte oder zur Geografie usw.
Suche über dieses Thema möglichst viel Material. Sammle Bilder oder suche Texte in Büchern oder Heften darüber. Wenn Du genügend Material beisammen hast, kannst Du mit Deinem Forscherbericht beginnen. Fasse die interessantesten Punkte über Dein Thema zusammen. Gestalte Deinen Forscherbericht mit Bildern oder eigenen Zeichnungen.

Form: Einzelarbeit/Partnerarbeit

Material:
- Schreibblätter
- Bücher, Hefte, Bilder zum Thema (evtl. Bibliothek)

Geschichtenkiste K3

Hin-und-Her-Geschichte

Auftrag: Schreibe eine Geschichte. Wenn Du Deine Geschichte beendet hast, gibst Du sie an jemanden in der Klasse weiter. Der Empfänger oder die Empfängerin Deiner Geschichte versucht nun, selbst eine Antwortgeschichte zu schreiben. Die Antwortgeschichte muß etwas mit Deiner Geschichte zu tun haben.

Wenn Du willst, kannst Du auf die Antwortgeschichte wieder eine neue Geschichte schreiben und diese weitergeben. Deine neue Geschichte muß aber auch wieder etwas mit der Antwortgeschichte zu tun haben. So kann die Geschichte hin und her wandern.

Form: Einzelarbeit

Material:

- Ordnerblatt
- Mäppchen, um die Geschichte(n) weiterzugeben

Geschichtenkiste K4

Endlos-Klassengeschichte

Auftrag: An der Geschichtenwand hängt eine Klassengeschichte. Lies die Klassengeschichte durch. Versuche eine Fortsetzung zu schreiben.

Schreibe Deine Fortsetzung ins Geschichtenheft und lasse sie korrigieren. Schreibe die überarbeitete Fassung danach auf ein Blatt. Dieses Blatt kannst Du danach an die Geschichtenwand hängen.

Form: Einzelarbeit/Partnerarbeit

Material:

- Geschichtenblatt
- Blatt für die überarbeitete Fassung

Geschichtenkiste K5

Labyrinthgeschichte

Auftrag: Schreibe eine Labyrinthgeschichte in das Vorlageblatt aus dem Geschichten-Kisten-Ordner.

Form: Einzelarbeit/Gruppenarbeit

Material:
- Vorlageblatt für Labyrinthgeschichte (im Geschichten-Kisten-Ordner)

Geschichtenkiste K6

Mini-Theater

Auftrag: Schreibe ein kleines Theaterstück. Es kann ein Puppentheaterstück, ein Schattenspiel oder ein Stück für Personen entstehen.
Überlege Dir zuerst eine kleine Geschichte. Schreibe Dir den Ablauf in Stichworten auf. Überlege Dir, welche Personen in Deinem Stück vorkommen. Schreibe nun die Theatergeschichte auf. Schreibe sie in Dialogform, d.h. schreibe auf, was die Personen sprechen:

- 1. Person: "Guten Morgen !"
- 2. Person: "Guten Tag. Wie geht es Ihnen?"

...

Deine Theatergeschichte darfst Du am Schluß zusammen mit anderen aufführen.

Form: Einzelarbeit/Partnerarbeit

Material:
- Notizblatt für die Stichwörter
- Geschichtenheft für das Mini-Theater-Stück

© Verlag an der Ruhr, Postfach 102251, 45422 Mülheim an der Ruhr

Geschichtenkiste K7

Geschichtenbilder

Auftrag: Im Geschichten-Kisten-Ordner findest Du verschiedene Bilder, die den Beginn einer Geschichte darstellen. Wähle ein Bild aus und versuche dazu eine Geschichte zu schreiben.

Form: Einzelarbeit/Partnerarbeit

Material:
- ➪ Geschichtenbild (aus Geschichten-Kisten-Ordner)
- ➪ Geschichtenheft

Geschichtenkiste K8

Titelgeschichte

Auftrag: Im Geschichten-Kisten-Ordner findest Du verschiedene Titel für Geschichten. Wähle einen Titel aus und erfinde dazu eine passende Geschichte!

Form: Einzelarbeit/Partnerarbeit

Material:
- ➪ Titel (aus Geschichten-Kisten-Ordner)
- ➪ Geschichtenheft

Geschichtenkiste K9

Ein Buch mit Fortsetzungsgeschichten

Auftrag: Als Schriftsteller oder als Schriftstellerin beginnst Du nun mit einem Buch. Dein Buch soll lauter kleine Fortsetzungsgeschichten enthalten.
Bevor Du mit der ersten Geschichte beginnst, überlegst Du Dir,
- welche Art von Geschichte Du gerne schreiben möchtest
- welche Personen in Deinen Geschichten vorkommen sollen.
- wer Hauptperson ist.

Beginne danach mit der ersten Geschichte.

Form: Einzelarbeit/Partnerarbeit

Material: ➪ Blatt oder neues Heft

Geschichtenkiste K10

Freie Geschichte

Auftrag: Erfinde selbst eine spannende, lustige, unmögliche, traurige, nachdenkliche, unheimliche, alltägliche ... Geschichte. Schreibe sie in das Geschichtenheft.

Form: Einzelarbeit

Material: ➪ Geschichtenheft

Geschichtenkiste K11

Postkartengeschichten

Auftrag: Im Ordner zu den Bildergeschichten findest Du eine Menge von Postkarten-Bildern. Wähle ein Bild aus und nimm es als Anlaß für eine Geschichte.

Form: Einzelarbeit/Partnerarbeit

Material:
- Postkartenbild aus dem Ordner mit Bildergeschichten
- Geschichtenheft

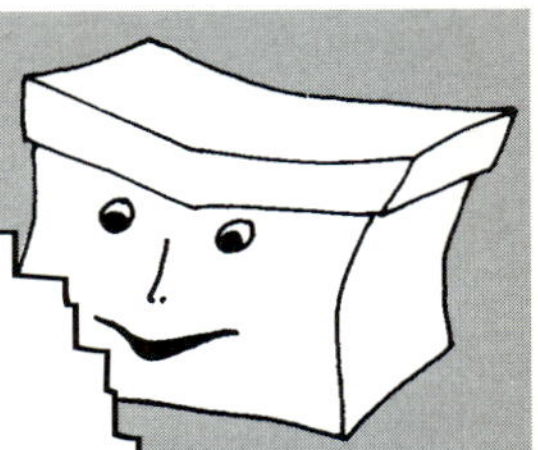

Geschichtenkiste Blanko

Auftrag:

Form:

Material:

Arbeits-Paß

AFFODIL

A1	A2	B1	C1	F1	F2	G1	Geschichtenkiste	Spielgeschichten
☺ 😐 ☹	☺ 😐 ☹	☺ 😐 ☹	☺ 😐 ☹	☺ 😐 ☹	☺ 😐 ☹	☺ 😐 ☹	☺ 😐 ☹	☺ 😐 ☹

Arbeits-Paß

BRUMMGEISS

A3	A4	A5	B2	B3	C2	I1	Geschichtenkiste	Spielgeschichten
☺ 😐 ☹	☺ 😐 ☹	☺ 😐 ☹	☺ 😐 ☹	☺ 😐 ☹	☺ 😐 ☹	☺ 😐 ☹	☺ 😐 ☹	☺ 😐 ☹

Arbeits-Paß

CHAMAELEFANT

A6	A7	B4	B5	I2	F3	E1	Geschichtenkiste	Spielgeschichten
☺ 😐 ☹	☺ 😐 ☹	☺ 😐 ☹	☺ 😐 ☹	☺ 😐 ☹	☺ 😐 ☹	☺ 😐 ☹	☺ 😐 ☹	☺ 😐 ☹

Arbeits-Paß

DACKELGAUL

A8	A9	B 6.1 6.2	B3	D1	E2	G2	Geschichtenkiste	Spielgeschichten
☺ 😐 ☹	☺ 😐 ☹	☺ 😐 ☹	☺ 😐 ☹	☺ 😐 ☹	☺ 😐 ☹	☺ 😐 ☹	☺ 😐 ☹	☺ 😐 ☹

Arbeits-Paß ENTENLAUS

A10	B7	D2	D3	E3	F4	G3	Geschichtenkiste	Spielgeschichten
☺ 😐 ☹	☺ 😐 ☹	☺ 😐 ☹	☺ 😐 ☹	☺ 😐 ☹	☺ 😐 ☹	☺ 😐 ☹	☺ 😐 ☹	☺ 😐 ☹

Arbeits-Paß FLIEGENFISCH

A11	B7	C4	D4	E4	G4	I3	Geschichtenkiste	Spielgeschichten
☺ 😐 ☹	☺ 😐 ☹	☺ 😐 ☹	☺ 😐 ☹	☺ 😐 ☹	☺ 😐 ☹	☺ 😐 ☹	☺ 😐 ☹	☺ 😐 ☹

Arbeits-Paß GIRAGUAR

A12	B8	C5	D5	D6	F5	G5	Geschichtenkiste		Spielgeschichten	
☺ 😐 ☹	☺ 😐 ☹	☺ 😐 ☹	☺ 😐 ☹	☺ 😐 ☹	☺ 😐 ☹	☺ 😐 ☹		☺ 😐 ☹		☺ 😐 ☹

Arbeits-Paß HAMHASE

B9	D7	D8	F6	F7	G6	I4	Geschichtenkiste		Spielgeschichten	
☺ 😐 ☹	☺ 😐 ☹	☺ 😐 ☹	☺ 😐 ☹	☺ 😐 ☹	☺ 😐 ☹	☺ 😐 ☹		☺ 😐 ☹		☺ 😐 ☹

Arbeits-Paß IGELMAUS

B10	C6	D9	F8	F9	G7	I5	Geschichtenkiste		Spielgeschichten	
☺ 😐 ☹	☺ 😐 ☹	☺ 😐 ☹	☺ 😐 ☹	☺ 😐 ☹	☺ 😐 ☹	☺ 😐 ☹		☺ 😐 ☹		☺ 😐 ☹

Arbeits-Paß KAKADUMEL

D10	E5	F10	G8	I6	I7		Geschichtenkiste		Spielgeschichten	
☺ 😐 ☹	☺ 😐 ☹	☺ 😐 ☹	☺ 😐 ☹	☺ 😐 ☹	☺ 😐 ☹	☺ 😐 ☹		☺ 😐 ☹		☺ 😐 ☹

Arbeits-Paß

LOEWEMADAR

B11	I8	I9					Geschichtenkiste	Spielgeschichten

Arbeits-Paß (Blanko)

							Geschichtenkiste	Spielgeschichten

Geschichten-Checkblatt

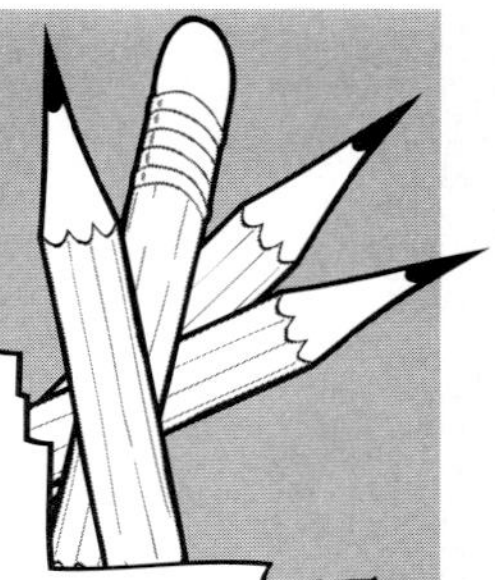

➭ Wie lautet der Titel Deiner Geschichte?

____

➭ In welcher Zeitform hast Du Deine Geschichte geschrieben?

____

➭ Wie heißen die Anfangswörter Deiner ersten zehn Sätze? Schreibe sie hier auf:

____

____

____

➭ Schreibe auf Kärtchen zehn schwierige Wörter aus Deiner Geschichte. Versuche auf der Rückseite des Kärtchens das Wort mit einer Zeichnung oder einem Symbol darzustellen!

➭ Schreibe einen besonderen Satz (lustig, traurig, spannend) aus Deiner Geschichte hier auf:

____

____

➭ Worauf willst Du beim Schreiben Deiner nächsten Geschichte besonders achten?

____

____

Scherben-Ordner 1

Zähneknirschend mußte ich mich damit abfinden.

Scherben-Ordner 2

"Red keinen Unsinn!" rief ich und lief einfach davon.

Scherben-Ordner 3

"Nun erzähl doch endlich", rief ich ungeduldig. "Warum bist du nicht in Neuseeland?"

Scherben-Ordner 4

Als ich bei der Hütte angekommen war, war es bereits dunkle Nacht. Ich suchte, aber es war niemand mehr da. Was sollte ich machen?

© Verlag an der Ruhr, Postfach 102251, 45422 Mülheim an der Ruhr

Text- und Geschichtenwerkstatt

Scherben-Ordner 5

Ich packte die Sonnenbrille und sagte: "Natürlich begleite ich dich an den Bahnhof."

Scherben-Ordner 6

Sie hatte mich darauf ganz verständnislos angeschaut. Gerade so, wie wenn ich nun total spinnen würde.

© Verlag an der Ruhr, Postfach 102251, 45422 Mülheim an der Ruhr

Text- und Geschichtenwerkstatt

Scherben-Ordner 7

Ich rannte und rannte und versteckte mich hinter den Johannisbeerbüschen. "Gerettet", dachte ich mir.

Scherben-Ordner 8

Ein bißchen gelangweilt saß ich da. Der Bach rauschte. Wie lange sollte ich noch warten?

Scherben-Ordner 9

"Überraschung", hatte ich gerufen. "Ratet einmal, was ich hier hinter meinem Rücken habe!"

Scherben-Ordner Blanko

Geschichtentitel

Ein verrückter Tag

Das schüchterne Gespenst

In einer Nacht

Die Piratin

Der vergeßliche Pirat

Ein Elefant im Garten

Die unheimliche Höhle

Eine Fahrradfahrt

Das Haus im Wald

Eine Bootsfahrt

Der Streit der Buchstaben

Das Fußballspiel

Die Reise nach Trigaluna

Das Pferd

Ein nicht ganz normaler Sonntagsausflug

Labyrinthgeschichte

➪ Dieses Blatt sollte beim Kopieren auf Din A 3 vergrößert werden!

❑ Bilder-Geschichte

Geschichte in Bildern und Situationen von den Römern bis zum Jahr 1945
Überarbeitete Neuausgabe
Ab Kl. 5/6, 200 S., A4, Pb.
48,- DM/375,- öS/49,40 sFr

Hier geht es um Alltagssituationen ganz „normaler" Menschen von der Zeitenwende bis zum 2. Weltkrieg. 73 Bild- und Aktivkarten zum selbständigen Erarbeiten, Ausmalen, Diskutieren, Texteschreiben, Ausschneiden, Neugestalten. Ideal für Geschichtszeitungen, Zeitleisten etc. und als Bildmaterial zum „Projekt Geschichte".

❑ Projekt Geschichte

Ab Kl. 6/7, jeder Band ca. 120 S., A4, Pb.
je 38,- DM/297,- öS/39,20 sFr

Projekte und Materialien zur Erarbeitung und Wiederholung des Stoffes von Ägypten bis zur Neuzeit. Quellen und Schaubilder für arbeitsteilige Gruppenarbeit; problemorientierte Auswertungsbögen (Grundbedürfnisse, Macht, Krieg und Frieden) und vieles mehr.

Band 1: Vorgeschichte bis Mittelalter

Band 2: Frühe Neuzeit bis Erster Weltkrieg

❑ Die Würfel sind gefallen

Lernspiele Geschichte
Kl. 5-10, 80 Seiten, Papph.
35,- DM/273,- öS/36,20 sFr

Die Geschichte spielend erkunden - mit „Ötzi", „Original und Fälschung", einem „Scherben-Spiel", „Wähl-Mal" und weiteren an- und aufregenden Geschichtsspielen, die den Fachunterricht ergänzen und beleben. 15 Geschichtsspiele mit Spielplänen, Fragen- und Aufgabenkarten, Anleitungen, Arbeitsblättern und Lehrerinfos.

❑ Simulationen zur Weltgeschichte

Kl. 7-10, 97 S., A4, Papph.
35,- DM/273,- öS/36,20 sFr

Geschichte ist mehr als Nationalgeschichte! Diese Arbeitsblätter lassen die Kinder weit über den eigenen Tellerrand hinausschauen: Als Kaufleute treiben sie Salzhandel im frühen Westafrika, als Bauern, Vasallen und Adlige erleben sie das mittelalterliche Feudalsystem in Europa, sie testen das Kommunikations- und Ingenieurswesen der Inkas oder kämpfen in Südafrika gegen die Apartheid. Die Simulationen vermitteln weltgeschichtliche Zusammenhänge bis hin zur neuesten Geschichte anschaulich und immer „hautnah".

❑ Machtübernahme

Faschismus in Deutschland
Ab Kl. 7, 91 S., A4, Papph.
35,- DM/273,- öS/36,20 sFr

Sammlung von Quellenmaterialien und Arbeitsblättern zur kritischen Erweiterung des vorhandenen Lehrbuches, um politische Erfahrungen, übertragen auf die Gegenwart, nutzbar zu machen (z.B. Wahlkampfführung, neue Feindbilder). Die hier bereitgestellten Materialien erlauben einen projektorientierten Unterricht sowie Gruppenarbeit.

Literaturkartei:

❑ Damals war es Friedrich

Ab Kl. 6/7, 81 S., A4, Papph.,
35,- DM/273,- öS/36,20 sFr

Kartei und Buch machen deutlich, wie erschreckend leicht 1933 der alltägliche Schritt in den Faschismus war. Zahlreiche Arbeitsblätter, sowie historisches und aktuelles Informationsmaterial zu Hitlerjugend, Juden, Nationalsozialismus, Pogrome, Widerstand u.a.

❑ **Damals war es Friedrich**
Hans Peter Richter
TB zur Kartei, 144 S., 6,90 DM *(im Vertrieb)*

Literatur-Kartei:

❑ Die Welle ... und andere Bewegungen

Ab Kl. 7/8, 70 S., A4, Papph.
35,- DM/273,- öS/36,20 sFr

Wie anfällig sind wir selbst für faschistisches Denken und Handeln? Basierend auf dem Roman „Die Welle" von Morton Rhue, fordern 42 Arbeitsbl. und Kopiervorlagen zu intensiver Auseinandersetzung mit dem Thema auf.

❑ **Die Welle**
Morton Rhue
TB zur Kartei, 143 S., 7,80 DM

Literatur-Kartei:

❑ Umsonst geht nur die Sonne auf

Kindheit und Kinderarbeit vor 100 Jahren und heute
Kl. 4-7, 84 Seiten, A4 Papph.
35,- DM/273,- öS/36,20 sFr

Themen dieser Kartei u.a.: Kindheit, arm und Reich, erste Lebensplanung. Mit Projektvorschlägen und aktuellen und historischen Infomaterialien.

❑ **Umsonst geht nur die Sonne auf**
Els Pelgrom
TB zur Kartei, 86 S., 6,80 DM

Literatur-Kartei:

❑ Ben liebt Anna

Ab Kl. 4/5, 75 S., A4, Papph.,
35,- DM/273,- öS/36,20 sFr

Die Arbeitsblätter dieser Kartei motivieren zu Rollenspielen und Gesprächen übers Verliebt- und Anderssein. Für Mädchen und Jungen.

❑ **Ben liebt Anna**
Peter Härtling
TB zur Kartei, 77 S., 6,80 DM

Literatur-Kartei:

❑ Bitterschokolade

Ab Kl. 7, ca. 72 S., A4, Papph.
ca. 35,- DM/273,- öS/36,20 sFr
(Erscheint Juli 1995)

Die Kartei zu Mirjam Preßlers Jugendbuch regt nach einer lockeren Phase der Texterschließung zum Schreiben und zum Fragenstellen an. Den Themenkreisen Genuß und Sucht, Ängste und Bedürfnisse, Familie und Identität nähern sich die SchülerInnen in Rollenspielen sowie zeichnend und gestaltend. Mit vielen Hintergrundinfos zur Suchtproblematik.

❑ **Bitterschokolade**
Mirjam Preßler
TB zur Kartei, 124 S., 6,80 DM (im Vertrieb)

❑ Warum nicht Literatur?

Kl. 6-13, 150 Karteikarten, A5,
36,- DM/281,- öS/37,20 sFr

Eine große Auswahl "schülererprobter" Texte und ca. 50 verschiedene, aktionsreiche Interpretationsmethoden wie Umschreiben, Ergänzen oder Verfremden machen Lust auf den handelnden Umgang mit literarischen Vorlagen.

❑ Lese-Training - vom Amateur zum Profi

Techniken, Spiele, Tricks
Ab Kl. 5, 103 S., A4, Pb.
36,- DM/281,- öS

Auch in Ihrer Klasse sitzen neben echten Leseprofis sicher auch SchülerInnen, die lesetechnisch noch Schwierigkeiten haben. Die Mappe enthält viele kurze Übungsbausteine, die sich unabhängig voneinander bearbeiten lassen. Jedes Kapitel trainiert schwerpunktmäßig eine lesetechnisch wichtige Fertigkeit. Trainingstricks (nicht nur) für kleine Lesemuffel.
(Kein Vertrieb in die Schweiz)

❑ Text- und Geschichtenwerkstatt

Klasse 5-7, 78 S., zweifarbig, A 4, Papph.
35,- DM/273,- öS/36,20 sFr

Mit 90 zündenden Ideen rund um das Freie Schreiben, geordnet in 10 Arbeitsbereiche (Satz-, Bilder- und Wörtergeschichten, Schau-Genau-Texte, Scherbengeschichten, Schreibspiele u.v.m.), läßt sich mit einem Funken Kreativität ein Feuerwerk veschiedenster Geschichten schaffen. Eine produktive und vergnügliche Vielfalt von Schreibanlässen.

❑ Kreativer Schreiben

50 Initialzündungen und Provokationen
Ab Kl. 5, 50 S., A4, Papph.
28,- DM/219,- öS/29,30 sFr

Über 50 lebendige „Anmacher" für eine kreative sprachliche Kommunikation. Mit witzigen Zeichnungen, Einfällen, phantastischen Ideen wird die „Initialzündung" für das Schreiben garantiert, auch der letzte aus der Reserve gelockt. Originelle „Schreibe" gegen die Einebnung von Sprache, mit vielen Hilfen in Form von Gebrauchsanweisungen, Tips oder Beispielen.

Irre Seiten

❑ Packender Schreiben I

Kl. 6/7, 46 S., A4, Papph.
26,- DM/203,- öS/27,30 sFr

Absichtsvolle Texte zu verschiedenen Anlässen schreiben: Kurzinformationen, Beschreiben und Erzählen, Standpunkte darlegen, Briefeschreiben, Gebrauchsanweisungen entwerfen. Alles nicht als dröger Aufsatzunterricht, sondern mit packenden Seiten, lustigen Bildern, lebendigen, alltagsnahen Aufgabenstellungen.

❑ Der Satzbaukasten

Kl. 5-8, 80 kart. S., A4, Pappk.
38,- DM/297,- öS/39,20 sFr

Freiarbeitsmaterial für die Satzanalyse und Satzgliedbestimmung durch spielerisches Handeln wie Schieben, Drehen, Legen, Stöpseln, Würfeln, Klappen ... Aus den Spielvorlagen aus farbigem Karton können mit Hilfe der entsprechenden Bauanleitungen u.a. Quartettspiele, Legespiele, Würfelspiele, Satzgliedfächer, Satzbaumaschinen, Drehscheiben, Stöpselkarten angefertigt werden.

Irre Seiten

❑ Kunst

Ab Kl. 5, 54 S., A4, Papph.
28,- DM/219,- öS/29,30 sFr

Visuelle „Anmacher" für Zwischenarbeiten, Einstundenthemen und längere Arbeiten, oft auch in Verbindung mit Themen anderer Fächer: Visuelle Gedichte, Sportplakate, Füße, Fingerprints, Schriftgestaltung, Cartoons, Farben, Größenverhältnisse, Perspektiven und weitere 40 kreative Provokationen.

Kunst aktiv:

❑ Joan Miró

Kl. 4-7, 63 S., A4, Papph.
30,- DM/234,- öS/31,20 sFr

Eichborns Kunst für Kinder

❑ Joan Miró

61 S., Hardcover, vierfarbig,
zahlreiche Abbildungen, 16,5 cm x 23,7 cm,
24.80 DM *(im Vertrieb)*

Kunst aktiv:

❑ Vincent van Gogh

Kl. 4-7, 72 S., A4, Papph.
30,- DM/234,- öS/31,20 sFr

Eichborns Kunst für Kinder

❑ Vincent van Gogh

64 S., Hardcover, vierfarbig,
zahlreiche Abbildungen, 16,5 cm x 23,7cm
24.80 DM *(im Vertrieb)*

Kunst aktiv:

❑ Pablo Picasso

Kl. 4-7, ca. 60 S., A4, Papph.
ca. 30,- DM/234,- öS/31,20 sFr

Eichborns Kunst für Kinder

❑ Picasso entdecken

61 S., Hardcover, vierfarbig,
zahlreiche Abbildungen, 16,5 cm x 23,7cm
24.80 DM *(im Vertrieb)*

Die Arbeitsmappen wollen weder Ehrfurcht wecken noch akademisch interpretieren. Sie bieten "Kunst zum Anfassen" und sind geeignet für Unterricht und museumspädagogische Arbeit.
Spannende, handlungsorientierte Informations- und Arbeitsblätter lassen die Bilder, ihre Entstehungszeit und die Künstler lebendig werden. Die Kinder lernen beim Selberbasteln, -malen und Ausprobieren Werktechniken und Stilepochen kennen. So gehen sie kreativ und produktiv mit Kunst um und holen die "Bilder von der Wand". "Kunst aktiv" bezieht sich auf die bei Eichborn erschienene Reihe "Kunst für Kinder", die Leben und Werk populärer Künstler kindgerecht vermittelt. Durch spannende Geschichten werden Kinder ab 10 an die großen Maler herangeführt.

❑ Spiel mal Musik

Lernspiele für Unterricht, Freie Arbeit und Vertretungsstunden
Kl. 5-10, 102 S., A4, 9 A3-Spielpläne, Ringh.
38,- DM/297,- öS/39,20 sFr

Musik hören wir alle. Und doch bleibt Musik für die meisten ein Buch mit sieben Siegeln. Mit diesen Spielen für Musik in der Freien Arbeit kann man sich endlich das nötige Grundwissen erspielen, und zwar auch als Anfänger: Fachbegriffe, Instrumente, Notennamen, Notenwerte, Tonleitern, Komponisten, Musikgeschichte u.v.m., kurz: alle wesentlichen Inhalte des Musikcurriculums der Klassen 5-10. „Spiel mal Musik" ist nicht nur für ausgebildete MusikerInnen und MusiklehrerInnen, sondern auch für alle interessierten PädagogInnen und bietet über 30 größere und kleinere Spiele, Kreuzwort- und Silbenrätsel, Bingos, Puzzles, Würfelspiele ... Stoff satt, damit Sie den Dirigentenstab weglegen können.

❑ Sioux - Wilde oder Weise?

Geschichte, Kultur, Widerstand
Ab Kl. 6, 97 S., A4, Papph., reich illustriert
35,- DM/273,- öS/36,20 sFr

Geschichte und Kultur der nordamerikanischen Indianer ist ein Thema, das es wert ist, weit mehr als eine Modeerscheinung bei westlichen Intellektuellen oder „Heilssuchern" zu sein. Nach einem Jahrhundert mühevollen Existenzkampfes fordern nordamerikanische Indianer heute verstärkt ihre Rechte ein und versuchen, ihr kulturelles Erbe vor dem Untergang zu bewahren. Das Buch spürt exemplarisch der Geschichte der Sioux nach und bietet vielfältige englisch- und deutschsprachige Materialien zu Lebensräumen, Lebensformen und Problemen der Indianer in South Dakota und regt zu projektorientierter Unterrichtsarbeit an.

❑ Englisch im Spiel

68 S., A4, Papph.
28,- DM/219,- öS/29,30 sFr

Zur spielerischen Erarbeitung von Elementen der englischen Sprache, besonders für die Freie Arbeit. Bingos, Triminos, Puzzles etc. Das Basismaterial, mit dem Sie ganz einfach die Arbeitsblätter zusammenstellen können, die Ihre SchülerInnen brauchen. Eine Mappe, die Sie durch die ersten drei Jahre Englisch begleitet.

❑ Five Minute Thrillers

Einfach, kurz und spannend
Kl. 7-9, Paket mit 8 Textheften, je 12 Seiten, A6 + 4 Toncassetten
LDA
58,- DM/453,- öS/59,60 sFr

Was geschieht, wenn sich ein einsames Kind mit einer finsteren Gestalt anfreundet? Warum fangen alle Freunde eines Jungen an zu schreien, sobald er sie anschaut? Dieses Paket enthält 8 fesselnde Geschichten auf jeweils 12 kleinen Seiten, die auch Sprachanfängern Erfolgserlebnisse und Motivation verschaffen. Dazu gehören 4 Cassetten mit den Geschichten als Mini-Hörspielen.

❑ Streetball und 50 andere coole Spielideen

128 S., 16,5 cm x 24 cm, Pb.
24,80 DM/194,- öS/26,10 sFr

Aus den USA kommt „Sport sofort": ohne große Organisation und Verein, mit neuen, einfachen Spielideen wie Streetball, Baseball, Beach-Volleyball, American Football u.v.m., die auch Kids in Deutschland „supercool" finden. Um mit Ihren Kids mithalten zu können, finden Sie hier Spielanleitungen für neue Ballspiele, Variationsvorschläge, die traditionellen Sportarten (Fußball, Volleyball, Tischtennis) neuen Schwung verleihen, sowie Rezepte für alternative Spielfeste, „Fungames" und praktische Tips für SpielleiterInnen und SportlehrerInnen.

New Games

❑ Fallschirmspiele

118 S., 15,5 cm x 22 cm, Pb., viele Fotos
24,80 DM/194,- öS/26,10 sFr

Fallschirme sind nicht nur gut zum Fliegen. Sie eignen sich auch ideal für Spiele am Boden: 60 neue Spielideen für Kinder und Erwachsene, für Müde und Muntere, für Behinderte und Nichtbehinderte, für drinnen und draußen.

New Games

❑ Die neuen Spiele 1 u. 2

je 192 S., 20,7 cm x 22,6 cm, Pb., viele Fotos,
je 32,- DM/250,- öS/33,20 sFr

60 neue Spiele pro Band für jedes Alter fördern ein konstruktives Ausleben der eigenen Energien, spielerisches Kräftemessen und lustvolles Miteinander-Umgehen. Spiele für zwei bis zweihundert, für die ganze Familie und für den ganzen Tag. Außerdem Hinweise, wie man selber neue Spiele erfindet.

❑ Ich lebe viel!

Materialien zur Suchtprävention
Ab Kl. 7, 86 S., A4, Papph.
35,- DM/273,- öS/36,20 sFr

In dieser Mappe geht es weniger um Suchtstoffe als um ganze Personen mit ihren Träumen, Schwächen und Stärken. Dazu gibt es Texte, Übungen, Interviews, Plakate, Gedichte, Materialien u.v.m.

❑ Abenteuer Partnerschaft

Überarbeitete Neuausgabe
Ab Kl. 7, 99 S., A4, Papph.
34,- DM/265,- öS/35,20 sFr

Materialien zum Thema Sexualität, Liebe und Partnerschaft. Viele Anregungen für Diskussionen, Rollenspiele, Spiele und Projekte.
Dazu Basisinformationen über Sexualbiologie, Sprache und Sexualität, Zuneigung, Zärtlichkeit, Liebe, Geschlechterrollen; Gewalt gegen Frauen; sexueller Mißbrauch; Werbung; Gefühle erkennen und achten; Aids.

❑ Wald erleben und erfahren

Materialien für Kinder und Jugendliche
Ein Kooperationsprojekt mit den 'Schweizer Waldwochen'.
Ab 6 J., 70 S. A4, Papph.
28,- DM/218,- öS (**Kein Vertrieb in die Schweiz**)

Spiele, Geschichten und Tips zur Naturbeobachtung und Sinneserfahrung. Ein ganzheitlicher Zugang zum Zauber des Waldes.

❑ Waldgeräusche-Spiel

Ab 5 J., Cassette (ca. 80 Min.) mit 28 Bildkarten in stabiler Pappbox, mit vielen Spielhinweisen
24,80 DM/194,- öS/26,10 sFr

28 Waldgeräusche in wechselnder Reihenfolge, die man durch genaues Hinhören den farbigen Bildkarten zuordnen kann.

❑ Die Waldlernrallye

Arbeitshilfen für Walderkundungen und Waldjugendspiele
Ab 9 J., ca. 70 S., A4, Papph.
ca. 30,- DM/234,- öS/31,20 sFr
(Erscheint Juli 1995)

Mit theoretischem Wissen kann man den Wald allenfalls beschreiben. Wer mit Kindern und Jugendlichen den Wald aber erleben möchte, findet hier die Anregungen: Beispiele für Rallyestationen und mögliche Aufgaben, Hinweise zur Erstellung von Fragebögen und zur praktischen Gestaltung des Parcours. Ein Etappenrennen für alle, die die Natur schätzen.

❑ Mit Freude die Natur erleben

3-99 Jahre, 168 S., 14 cm x 21,6 cm, Pb., viele Fotos
19,80 DM/155,- öS/21,- sFr

Das Grundlagenbuch zur spielerischen Naturerlebnispädagogik. Viele systematische Tips, wie man Naturerlebnistage organisiert, und neue Spiele in und um die Natur.

❑ Mit Kindern die Natur erleben

3-99 J., 152 S., 11 cm x 18,5 cm, Pb., viele Fotos
16,80 DM/131,- öS/17,90 sFr

Wer zusammen mit Kindern in unmittelbaren Kontakt mit der Natur kommen möchte, der findet in diesem Buch Anregung und Anleitung. Die Spiele wecken Intuition und Gefühl für die Natur, aber auch Verständnis für die ökologischen Zusammenhänge.

❑ Auf die Natur hören

96 S., 17,7 cm x 25,6 cm, Pb., viele vierfarbige, zum Teil ganzseitige Fotos
24,80 DM/194,- öS/26,10 sFr

Mit abstrakten Zahlen und theoretischem Wissen kann man Natur allenfalls verwalten. Dieses Buch hilft, die Wege zur Natur wiederzuentdecken. Mit meditativen Aphorismen und Zitaten stimmt es für die Reise ein, die wunderschönen Naturfotografien machen neugierig, Anregungen für Beobachtungen und Aktivitäten draußen öffnen alle Sinne für neue Erfahrungen. So entsteht ein Erlebnisbuch für 31 Tage (z.B. einen Urlaub).

❑ Chemie lernen = Chemie spielen

Lernspiele für den Unterricht
Ab Kl. 5, 120 S., A4, Ringh., viele Zeichnungen u. Spielpläne
38,- DM/297,- öS/39,20 sFr

Dieses Kompendium von Spielen zeigt, daß sich die Schüler Chemiewissen auch spielerisch aneignen können. Die Themenbereiche: chemisches Allgemeinwissen, chemische Formeln, Elementefamilien, Stoffeigenschaften, Laborgeräte, Periodensystem, Atomaufbau, Verbindungen, Sicherheitshinweise, gefährliche Stoffe, die großen Chemiekonzerne, berühmte Forscher etc. Insgesamt 55 ausgearbeitete Spiele, ca. 200 Varianten, dazu Tips für Materialbeschaffung, Finanzierung und eine Übersicht über im Handel befindliche Umweltspiele.

❑ Sinne erschließen die Umwelt

Wie Mensch, Tier und Pflanze ihre Umwelt wahrnehmen
Ab Kl. 5, ca. 80 S., Papph.
ca. 35,- DM/273,- öS/36,20 sFr
(Erscheint Juni 1995)

Fächerübergreifender Unterricht Naturwissenschaften: Dieses Unterrichtsmaterial bringt Wissen im Bereich integrierter Naturwissenschaften. Spiele, Aktionen und Versuche eröffnen Einsichten und machen Erstaunliches spürbar: Da kann mit der Haut gelesen, mit der Nase geschmeckt, mit den Füßen ertastet und im Dunkeln gelesen werden. Durch aufmerksames Beobachten wird der Geruchssinn von Regenwürmern oder die Reaktion einer Mimose auf große Hitze verständlich. Auch Reizleitung, Schallwellen, Tastborsten und optische Täuschungen werden intensiv erschlossen. Sinnvoll - geradezu sinnig.

❑ Rund um den Erdball

Freiarbeit und Spiel im Geographieunterricht
Ab Kl. 6, 84 S., A4, Papph.
35,- DM/273,- öS/36,20 sFr

Spiele für spannende Erdkundestunden. Dabei lernen die SchülerInnen „ganz nebenbei" die Bundesländer, Entfernungen, Weltzeiten und vieles mehr kennen. Eine Menge Spiele mit Spielplänen und Spielanleitungen als Fotokopiervorlagen sowie Lösungsblätter und Lehrerinformationen.

❑ Gleich, Gleicher, Gleichung

Lern- und Übungskartei zum Lösen von Gleichungen
Ab Kl. 7/8, 87 S., A4, Papph.
32,- DM/250,- öS/33,20 sFr

Daß das Lösen von Gleichungen auch Spaß machen kann, hätten sich Ihre SchülerInnen sicher nicht gedacht: Hier kommen Aufgabenkarten zu vielen Gleichungstypen. Grundbegriffe (Term, Variable etc.) und Lösungsgrundlagen (Waagemodell, Termumformung und -vereinfachungen) werden vorgestellt und Lösungen erprobt.

Lotte Logo:

❑ Kein Einbruch bei Brüchen

Lernkartei fürs Bruchrechnen
Kl. 6-8, 78 S., A4, Papph.
30,- DM/234,- öS/31,20 sFr

Bruchrechnung ist für viele SchülerInnen nicht nur ein Geheimnis, sondern oft der reine Horror. Häufig liegt es einfach daran, daß gewisse Grundtechniken nicht richtig beherrscht werden. Aus diesem Grund entstanden die vorliegenden Rechenrätsel: Sie decken Einzelthemen wie Kürzen und Erweitern, Umwandeln in gemischte Zahlen und unechte Brüche, Größen-Vergleiche, Addition, Subtraktion, Multiplikation und Division auf äußerst motivierende Weise ab.

❑ Pi mal Daumen

Schätzaufgaben und Überschlagsrechnungen
Ab Kl. 6, 57 S., A4, Papph.
28,- DM/219,- öS/29,30 sFr

Schätzen will gelernt sein und ist im Alltag und zur Überprüfung rechnerischer Lösungen nötig. Pi mal Daumen sind es 47 Arbeitsblätter. Über den Daumen gepeilt werden Zeiten, Längen, Mengen, Kosten, Gewichte und Prognosen - das natürlich ganz locker und mit vielen Illustrationen.

Verlag an der Ruhr

Tel.: 0208 / 49 50 40
Fax: 0208 / 495 0 495

Postfach 10 22 51, 45422 Mülheim an der Ruhr
Alexanderstraße 54, 45472 Mülheim an der Ruhr

Für Bestellungen in Österreich:
Bitte über den örtlichen Buchhandel bestellen.
Für Bestellungen in der Schweiz:
Informationsstelle Schulbuch, Postfach, CH-5001 Aarau

Absender:

Name

Straße / Nr.

PLZ / Ort

Schulform / Arbeitsbereich

Datum/Unterschrift

Es handelt sich hier nur um einen kleinen Auszug aus unserem Programm. Wir senden Ihnen gerne den kostenlosen aktuellen Katalog.

❑ Bitte senden Sie mir Ihren Katalog:
❑ Hiermit bestelle ich folgende/n Titel:

Anzahl	Titel

Werbebeilage SEK 1 05.95